ドリームクエスト

夢をたずねて世界を巡る旅

宗玄浩

みらい
PUBLISHING

はじめに

「あなたの夢を教えてください」

もし、あなたが突然見知らぬ外国人にこう質問されたら、なんと答えますか？

「サッカー選手になりたい」

「世界一周旅行をしてみたい」

「家族と幸せに生きたい」

未来への希望を妄想し、少し照れながら「自分のやりたいこと」や、「こうなってほしい願い」を語っているあなた自身の姿を想像できますか？

ちなみに、以前までの僕だったら、そんな質問を受けたら逃げたでしょう。だってそんなヤツ、怪しいし……。

この本は、そんな怪しい質問をしながら、世界50ヵ国の国と地域で出会った人々に、夢を尋ね歩いた旅の記録です。夢を語ってくれた世界中の人たちとの写真と共に、出会いや夢の背景を文章にまとめました。

日本で生まれ、日本で育ってきた僕の頭の中には、「夢」というワードからは、将来やりたい仕事や、実現してほしい未来といった、なんとなく想像できる夢の答えがありました。僕と同じように、小学校の卒業文集で自分の夢を考えた皆さんにも、なんとなく期待したくなる「夢」の答えがあるかもしれません。

では、日本の文化や教育や環境とは異なる世界を生きてきた人々は、どんな夢をもっているのだろう？　という疑問が、この本が生まれたキッカケです。

この本は、世界で暮らす人々の夢を追ったインタビューでもあり、僕の個人的な旅行記でもあり、世界の情景を撮影した写真集でもあります。

なので、栞は必要ありません。どこから読んでもいいし、何年も読まなくたっていい。何度読んだっていいし、いつ読むのを止めたって構いません。

あなたが読みたいタイミングで、読みたいページを開いてみてください。きっと、あなたがこの本を読んだタイミングによって、まったく違う感情を抱くような本になっています。

だから、いつ読んだっていいし、読まなくたって構いません。

日本で生まれ、日本で育ってきた僕には、想像もしなかった夢が、世界にはありました。

僕の出会いが、未来を想像するあなたの背中をひと押しするきっかけになればと、ささやかながら願っています。

旅立つ前に日本人に尋ねた夢

「自分の絵を世に発表する」

「起業する」

「みんなに感謝される人になる」

「現在を生きる」

「プロスポーツチームのオーナー＆経営」

「結婚して子どもがほしい」

「enjoy 人生」

「庭付き一戸建てがほしい」

「アフリカに行ってライオンと遊ぶ」

「海外進出」

「家族を大切にします」

「頑張っている人の手助けを余裕でできる一流の人になりたい」

「Pay it forward」

「高岡を日本一有名な町にしたい」

「いろいろな経験を糧にファンキーなおじいちゃんになる」

「島所有」

「いつかはハワイでのんびり」

目次

太平洋
大西洋
P75
P19
P145
P161
P137
P47
P101

P43
P35
P129
P97
P71
P81
P85
P63
P105
P31
P93
P13
P23
P67
P125
P149
P89
P153
P141
P157
P9
P27
P39
P119
P51
P133
インド洋

○○が長い女性こそ美しい

タイのメーホンソーンで撮影

Thailand
Mae Hong Son

อยากมีธุรกิจส่วนตัว และท่องเที่ยวไปทั่วโลก
longneck village - Maehongson
前途是每個人的計畫
The future is everybody planning.
MaJoke.

魅力的な外見とは？

あなたにとって魅力的な外見の人って、どんな人だろう？

きっとそれぞれいろいろな答えがあるだろうけど、世界には多様な美的価値観があって、日本で美しいと言われる人が、その地で美しいとは限らない。

例えば、ヨーロッパの女性は日焼けしているほうが美しいという価値観が根強くあって、公園に行くと日光浴を楽しんで肌を日焼けさせている人とたくさん出会う。

つながっている眉毛が魅力的という国もあれば、体に赤土を塗りたくるのがセクシーだという民族もあるが、タイのメーホンソーン近郊にある村では、首が長い女性が美しいという価値観をもつ。聞いたことがあるかもしれないが、首長族の女性たちが住む村だ。

首長族の村でみた光景

メーホンソーンの町でバイクをレンタルし、宿でまったくわからない手書きの地図をもらって出発すると、あとは道行く人に聞いて村を目指すだけ。途中で道路に川のような大量の水が流れている難所が10ヵ所くらいあって、いやいやマジで無理、絶対無理!! と心が折れかけたけど、なんとかなるもので。その川を、象に乗った人たちが横切っていくのを間近で眺め、夢かと錯覚するような非日常を味わいながら、なんとか首長族の村に辿り着いた。

首長族の女性たちは首に金属の輪を巻きつけることで首を長くし、より美しい女性になっていくそうだ。村を歩いていて出会う女性のほとんどは、首が長い。そして、顔つきが日本人とよく似ている。日陰で休憩していると、凛とした

「ここには世界から人がやってくる。
私も学んだ言語を使って、
いろいろなところを旅してみたい」

雰囲気をもつ理知的な女性と話ができた。
「ここにはたくさんの観光客が来るからいろいろな言葉を知っておいたほうがいい」
その女性は観光客と接することで言葉の必要性を感じ、独学で勉強を始め、タイ語に加えて英語・中国語を話せるようになったという。

「自分が学んだ言語を使って、いろいろなところを旅してみたい」

ここには世界各地から観光客がやってきて、彼女たちのもつ独自の文化を目にし、去っていく。世界にはたくさんの価値観があって、彼女がここではない世界を目の当たりにした時に、どんなことを思うのか聞いてみたくなった。彼女の夢が叶い、いろいろな文化や景色を見て来てほしい。

オリーブ山のイブラヒム

イスラエルの
エルサレムで撮影

Israel
Jerusalem

落ち着かない街エルサレム

エルサレムの旧市街を歩いていると、会いたくもないのに頻繁に出会ってしまうヤツがいる。そいつはライフル。もちろん男でも女でもない。改めて確認する必要もないけれど、銃のことだ。イスラエルに入国してからというもの、毎日ライフルを間近で見る生活をしている。あ、ライフル。お、ライフル。ひえっ、ライフル……。

ライフルと出合ったら緑色のキノコを食べた時のように1アップできるならいいけれど、もちろんそんなわけはないから、ただのライフルとの出合い損。

できることなら出合いたくないけれど、エルサレムを旅するならば出合わないことは不可避なので、ただ目の前に現れるライフルと顔を合わせないように目を逸らす。

ここまで書いてわかるように、エルサレムはライフルが日常にある街だった。

体の大きな軍人がアゴで僕たちを指示しながら入域許可を出す片手にはライフルを抱えているし、彼らが仲間内で冗談を言い合って談笑している時も、片腕にはライフルを抱えている。特別何か事件が起きるわけでもないけれど落ち着かない。エルサレムは僕にとってそんな街だった。

三大宗教の聖地

エルサレムは、ユダヤ教の嘆きの壁、キリスト教の聖墳墓教会、イスラム教の岩のドームと、世界三大宗教の聖地が混在している特別な場所だ。

街には黒い衣装に特徴的なモミアゲをしたユダヤ教徒、キリストが十字架を背負って歩いた道を辿って歩いているキリスト教徒、肌や髪の毛を露出せずにスカーフを巻いて歩いているイスラム教

「国や宗教の争いがない時代がくること。
平和について考えるために、
この場所を開いているんだよ」

徒と、三つの宗教を信じている人々が混在していて、スナップ写真を一枚撮ればいろいろな宗教の信者が写真に写る。
野球好きな人にとっては阪神と巨人とソフトバンクが大阪を本拠地に活動しているみたいな状況だし、アイドル好きな方にとっては、あっちの人気グループとこっちの人気グループが同じマンションに暮らしていて、そこに熱烈ファンも一緒に住んでいるみたいなカオス状態が、エルサレム。そりゃ混乱するし、喧嘩もするよ……。
そんな特別な場所にはもちろん特別な歴史があって、現代のライフルのある生活に象徴されるように、争いの歴史が存在する。
ナチス・ドイツによるユダヤ人大虐殺があったように、ユダヤ人には常に迫害されてきた歴史がある。そんな迫害の長い歴史の後でユダヤ人がやっと作った自分たちの国、それが現在のイスラエル。

とはいえ、現在のイスラエルがある場所には当時1000年間以上もパレスチナ人（イスラム教徒）が住んでいたのだけれど、国連の決定を後ろ盾に、パレスチナ人を一方的に追い出し、ここは自分たちの国だと半ば強引に建国したわけだから、そりゃシコリが残る。

シコリは軍隊を生み、イスラエル人とパレスチナ人を分断した壁を作って、街中にはライフルをぶら下げた軍人が溢れるようになった。エルサレムの土地を巡っては、今も争いが続いている。

オリーブ山のイブラヒム

エルサレムの旧市街を拝めるオリーブ山に住んでいるイブラヒムさんは、世界平和のために活動を続けているイスラム教徒の活動家だ。

オリーブ山に旅行者のための寄付制

の宿泊施設を開いていて、どこの国の、どんな民族の人も自由に泊まることができる。エントランスには彼の功績を称える新聞記事や写真が所狭しと貼られていて、アメリカ大統領が住むホワイトハウスに招かれた時の写真まで飾られてあった。

「War is not answer」

「宗教は関係ない。私たちは同じ星の下、同じ神の下に生まれた人間に過ぎない」

イスラエルに対する恨み節はいくらでも出せるはずだけど、僕のために彼が発した言葉は、平和な未来につながる言葉だけ。

どんな人も、出身や民族や宗教に左右されず、愛され、大切にされるべきであるという考えを熱心に伝えてくれた。

「どうしてここに旅行者を受け入れているんですか？」

僕が尋ねると、イブラヒムさんは今日突然なんの連絡もなく訪れた僕の瞳をまっすぐに見つめながら答えてくれた。

「あなたに会うためだよ。この場所に世界中から偶然集まったさまざまな考え方をもった人々が、それぞれの立場から自分の考えを話し、互いのことを知り、平和について考えることができる場所が必要だと思った。あなたに会うために、この場所を開いているんだよ」

いつかあの街からライフルがなくなる未来がくるのだろうか。

そんな日がくることを信じ、きっと今日もイブラヒムさんは世界中からやってくる人たちと出会い、話をしているのだろう。

マチュピチュから
帰ってきたら
取りにおいで

ペルーのクスコで撮影

Peru
Cusco

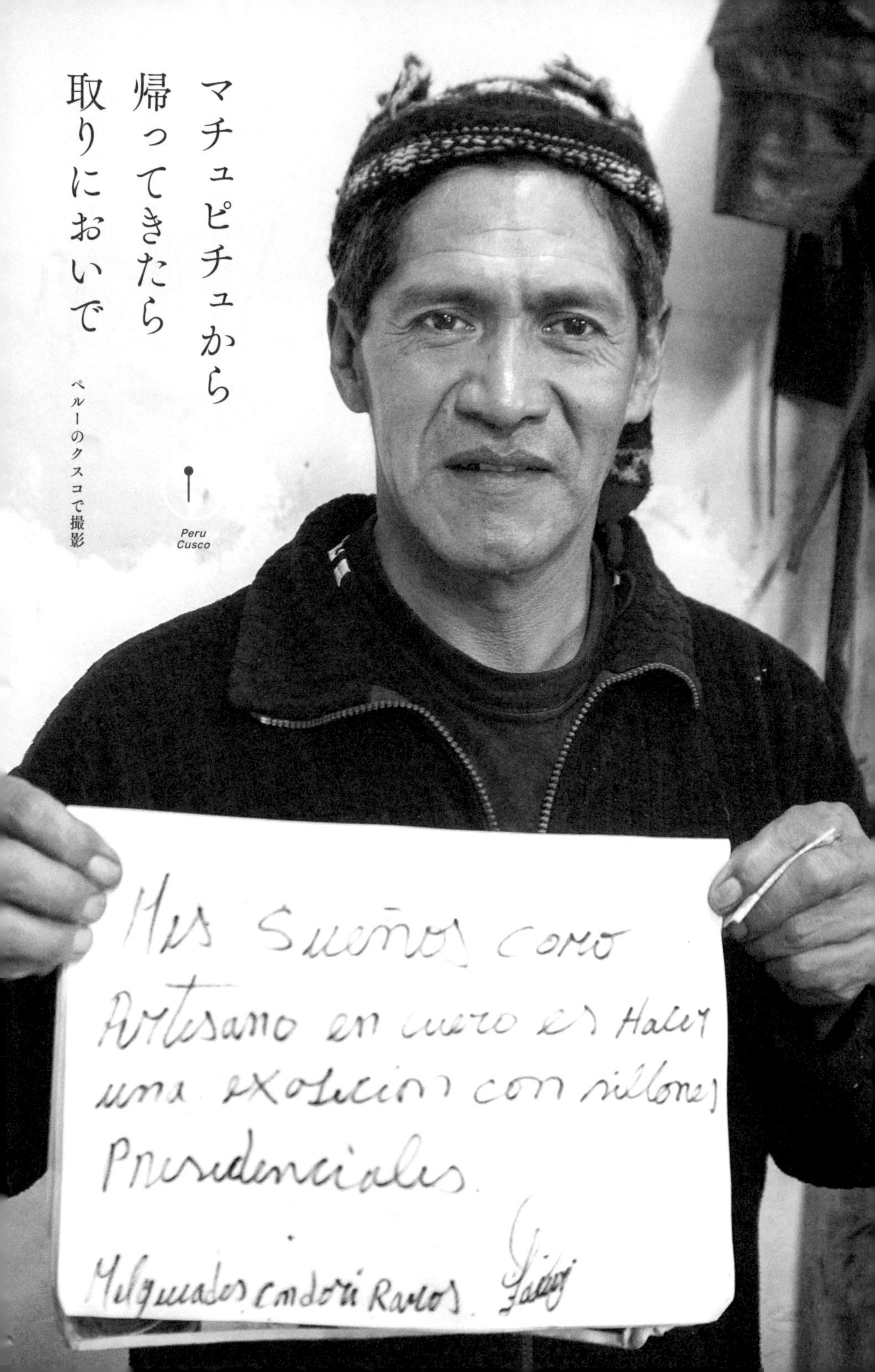
Mis sueños como
Artesano en cuero es Hacer
una exosicion con sillones
Presidenciales.
Melquiades Condori Ramos

クスコで靴をオーダーメイド

日本人が最も訪れてみたい世界遺産・マチュピチュ。そのマチュピチュ行きの拠点となる街が、かつてのインカ帝国の黄金郷・クスコだ。

クスコ自体も世界遺産に指定されていて、赤い屋根の町並みと、精巧な石造りでできた建造物は圧巻の一言。

そんなクスコは職人が手作りした土産屋がいくつもあって街歩きがとにかく楽しい。

観光地によくある土産物はもちろん、アルパカの子どもの毛で編まれた手作りのセーターや、カラフルな靴をオーダーメイドで作ってくれる靴屋など、ハンドメイドの商品を扱った小洒落たお店が多くあって、散歩しているだけでも楽しめる。

足の大きさから採寸してもらって、好きなデザインの布地を組み合わせて、オーダーメイドで靴を作っちゃったよ。うへへ。

革のカメラストラップ

クスコは標高3300mを超える高地にあって、坂が多い。油断しているとすぐに息が荒くなって、ゼェゼェと肩で息をすることになるし、着いてすぐは高山病のような症状で頭が痛くなったりもした。

とはいえ、息を切らしながらもついつい歩きたくなる街、それがクスコ。

ある日、いつものようにあてもなく街歩きをしていると、革製品をハンドメイドで作っている店が目に留まった。なんとなく冷やかし程度に店内に入ってみると、職人が革から手作りしたであろうベルトや帽子が丁寧に並んでいる。店内には革の匂いが漂っていて、試しにベルトを触ってみると丈夫で、色もかっこいい。

ちょうど旅の間にカメラのストラップが壊れかけていたので、ニコニコと座っている店主に「これと同じようなストラップは作れる?」と尋ねてみたら、「3日でできる」と言う。面白い。マチュピチュを観光して帰ってくるとペルーの革職人がオーダーメイドで作ってくれたカメラのストラップが完成しているという状況にワクワクし、店主にお願いして作ってもらうことにした。

職人の技術と優しさ

マチュピチュ観光を終えてクスコに

「この革を使って、大統領の椅子を作りたい」

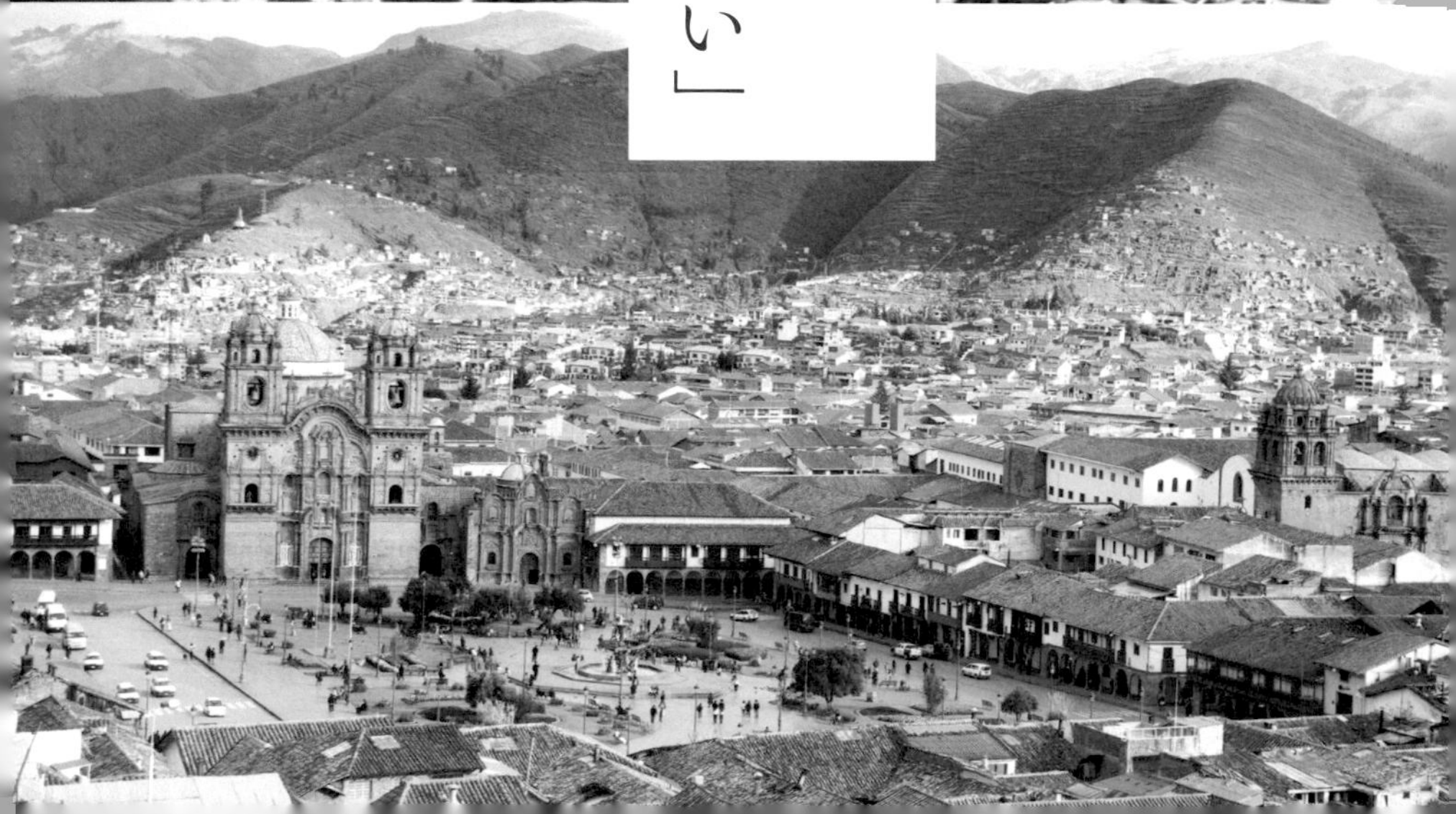

帰ってきた翌日、いよいよ完成しているであろう革のハンドメイドストラップを取りに行く。

　僕の顔を見るなり笑顔になった店主が「できたぞ！」と声をかけてくれたことで、僕のほうまで笑顔になる。そうして完成したストラップを見てみると……太い！　太すぎる。こんな太いストラップをかけているだけで、肩が凝ってしまうんじゃないかと思ったので、「もう少し細くできる？　これくらいに……」と恐る恐る尋ねてみると、「オーケー」と言って、その場ですぐに店主は作業に取り掛かった。

　完成していたはずのストラップにナイフをいれ、丁寧に客の要望通りに切り落としていく様子はまさに職人作業で、その姿を眺めているだけで惚れ惚れする。

　そうして完成したストラップは、僕の細かな要望もしっかりと伝わっていて、無性に愛着が湧いた。もちろん、そのストラップは、その後も僕と一緒に世界を旅し、いつも相棒のカメラを支えてくれることになった。

　そんな職人気質の店主に夢を尋ねると、「**大統領が座る椅子の座面を、革で作りたい**」という答えが返ってきた。

　それがどれくらい名誉あることなのかわからないけれど、職人気質の店主が「**大統領の椅子を作りたい**」という夢はとても素敵だ。

　クスコというかつてはインカ帝国の中心地として栄えた街で暮らす、寡黙だけど実直な店主にも、成し遂げたいことや、やってみたいことがあることを知り、なんだかうれしくなって、僕は次の旅先へ向かうバスに乗った。

奇妙な絵を描いた唯一無二の旅人

エベレストBCで撮影

Everest Base Camp

「今度はブラジルで会おう」

長い旅の間は、同じように長い旅をしている旅人と世界のあちこちで出会い、何度も再会した。

旅人タキさんとは連絡を取り合っていたこともあって中国、エジプト、アルゼンチン、ボリビア、ブラジル、ペルー、ガラパゴスなど合計で10回ほど再会した。

ハンガリーで出会った旅人モミ君とは、偶然にもトルコの街中でばったり再会し、興奮しながら握手を交わしたことも。

旅人かんちゃんとは、「今度はブラジルで会おう」と冗談めかして約束し、それぞれ別々の旅を歩いた後に、本当にブラジルで再会できた。

「渋谷のハチ公前で待ち合わせ」みたいな感覚で、世界地図が小さく思えるような待ち合わせをするのは、リアルに移動を続けながら感じる世界の大きさと同時に、行こうと思えばどこにだって行けるという世界の小ささも感じることができた。

旅を通して「会いたければいつでも会いに行けばいい」ということを本当の意味での実感として得られたわけだが、この感覚は長い旅を終えた今も大切にもち続けている。

「旅」という共通項

出会った旅人たちとは、帰国後の今も時々連絡を取り合うような関係が続いている。世界各国に散らばった旅人たちとはそんなに頻繁に再会できるわけではないけれど、会った時には昔からの友人のように、いつだって旅で出会った時の距離感に戻れるのが心地良い。

「旅」という共通項があるだけで、ほんの数日しか顔を合わせていない関係

「旅をしている今、夢を叶えている。
子どもにもこの世界を体験してほしい」

ながら、まるで幼馴染のように心を打ち解けることができたのは不思議な感覚だった。

日本で日常を生きていると、自分が楽しいと感じることを共有できない寂しさを感じる時がある。アニメが好きな人はアニメ好きが周りにいることで、写真好きな人は写真を語れる友人が周りにいることで、より幸せな気持ちになれるはず。

自分が興味のあることでも、周りの人はまったく興味がなくて、好きな話を思う存分できない環境はけっこう堪えるし、単純に寂しい。

僕にとっては「旅」や「写真」がそれに当たるのだけど、日常を生きている中でそれを自分と同じような熱量で語れる人とはなかなか出会えない。

そんな中、旅の途中に偶然出会った人たちは、自分が好きなことを実践している安心感があって、彼らと一緒に過ごした時間は「ここにいたんだ」と震えるような喜びを感じられた瞬間でもあった。

世界を旅しながら「夢を書いてください」と100人以上にお願いして、文字ではなく絵を描いたのは二人だけだった。

チベットを共に旅したノリ君が描いた奇妙な絵は一瞬見ただけではまったく意味がわからなかったけれど、よく見てみるとラクダやパンダやピラミッドやモアイ像が描かれていて、僕たちと同じようにバックパックを背負った旅人が旅をしている。

「子どもに世界を旅してほしい」

ノリ君とはエベレストを一緒に見て、ボリビアのウユニ塩湖を共に過ごし、帰国後は彼が経営する高野山のゲストハウスにも遊びに行った。

彼の娘と僕の娘は同級生なのだけど、いつの日か二人が世界を旅する日が来るかもしれない。そんな日が来た時には、きっとあのチベットの薄い空気と、世界一高い山を目の前にして写真を撮った日のことを思い出すだろう。

何度も繰り返し確認した夢

ネパールのナガルコットで撮影

Nepal
Nagarkot

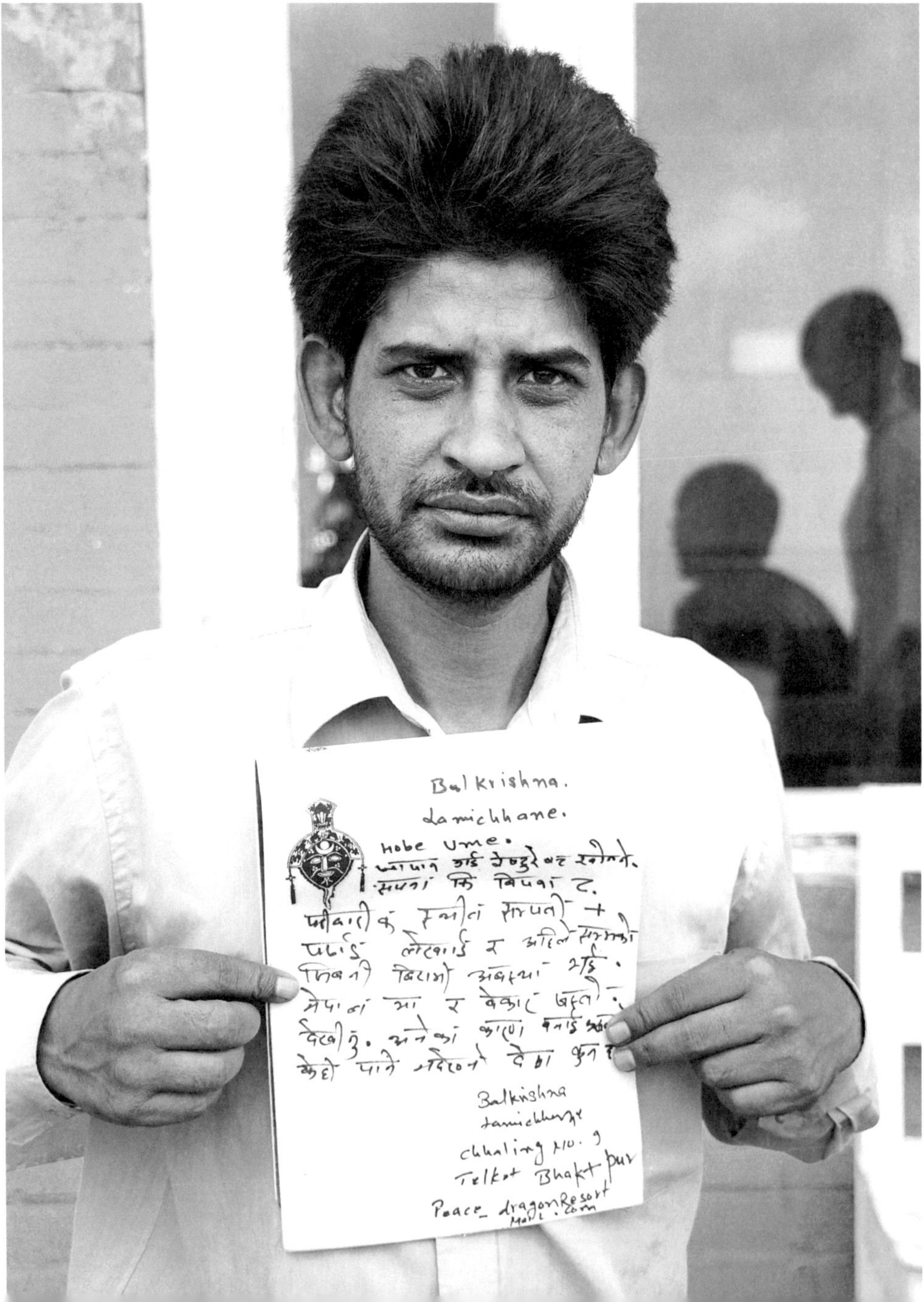

何度も確認した夢

ネパールのナガルコットで甘いミルクティーを飲みながらぼんやりと過ごしていると、寝癖だらけの男性が声をかけてきた。

「日本に5年くらい住んでいた」

「その時に日本人の彼女がいた」

「お金の関係で結婚できなかった」

ふむふむ。それは残念だったね。

「日本の女性と結婚して一緒にビジネスをしたい」

うんうん、未練たらたらなのね。

「自分は2年間仕事をしていない」

「いつも、だいたい家で寝ている」

ん……？

「毎日が暇だ」

「日本人の女性と結婚して、その人のお金でお店を開きたい」

お、おう……。

心配になって何度も聞いて確認したけれど、**「俺は日本人女性と結婚して、その人のお金でネットカフェとかビジネスをしたいんだよ」**と言っていたので、頑張れよと肩を叩いておいた。

清々しさすら感じる振り切った姿

寝癖男性が「歩いて40分くらいのところに自分が住んでいる村があるから一緒に行こう」と誘って来たので、一緒にいた仲間と共に彼の村へ行くことになった。道中は澄んだ空気で気持ちよく、先ほどの寝癖男性の言葉は幻聴だったんじゃないかと疑心暗鬼になるくらいに心が洗われていく。ああ、きっと幻聴だったんだ。

村に着くと昼食時だったこともあって「とうもろこしご飯がおいしいから食べよう」という誘いを受け、メニューもないような小さな食堂に入ることになった。

昼前だというのに真っ暗な店内で「お酒を飲みたい」と寝癖男性がジンのコーラ割り

「俺は日本人女性と結婚して、
その人のお金でネットカフェとか
ビジネスをしたいんだよ」

を飲む。天気の良い昼下がり。気持ちのよい気候と牧歌的な風景に心が和む。

ところが、とうもろこしご飯がなかなか出てこない。時間を持て余したのでトランプをして時間を潰していると「ちょっと気持ちが悪いから寝ていていいか？」と、顔を真っ赤にして男性が言う。どうやら飲みすぎたらしい。

寝癖男性は店の隅にあるベンチに横になって寝ていたのだが、次第に体調がどんどん悪化していったようで、店のおばちゃんに頼んで部屋の2階にあるベッドに倒れ込んだ。

結局、任せてくれと言っていたとうもろこしご飯も注文されておらず、小額のお金だけを払って男性を置いて帰った。気持ちが良いくらいにダメダメに振り切った姿はある意味で清々しく、好感すらもってしまったのだから不思議なものだ。あの男性、その後は無事に帰れたかな。

日本人に優しい理由

ヨルダンのアンマンで撮影

Jordan
Amman

ヨルダンにある日本人が集まる宿

ヨルダンの首都アンマンには日本人バックパッカーにとってとても有名な宿「マンスール・コウダホテル」がある。

その宿は決して衛生的ではないし、ジメジメしていて、絵に描いたようなバックパッカー宿だけど、名物スタッフが日本人を温かく迎えてくれることで有名だった。

スタッフの名前はルアイ。「問題ないよ」という片言の日本語が口癖で、「喉かわいてない？」と言って水を差し出してくれたり、「お腹すいたでしょ？」と言ってパスタを作ってくれたり、現地のお菓子を買ってきてくれたりと、日本人旅行者になにかと親切にしてくれる男性だ。

コウダホテルの歴史

そんなルアイさんが働くマンスール・コウダホテルの名前にはある由来がある。

2003年、イラクに大量破壊兵器があるという情報から、アメリカ軍がイラクへの侵攻を始めた。それを発端にイラク戦争が開戦され、日本の自衛隊もイラクへ派遣されることになる。これが事件の始まり。

翌年、イラクを訪れた日本人青年がイラク国内で武装グループに身柄を拘束されてしまい、「イラクからの自衛隊の撤退」を要求される人質となってしまった重大な事件があった。当時の日本政権は尽力した後に、自衛隊の撤退をしないと決断をしたのだが、その結果として青年は殺害されてしまうことになる。

その青年がイラクに入国する直前にアンマンで宿泊していたホテルのスタッフがサメールさん。サメールさんはその青年の名前を自分がオーナーとなる宿に名付けようと、マンスール・コウダホテルとした。そして、そのサメールさんを慕ってコウダホテルのスタッフとして働いているのが、ルアイさんというわけだ。

僕はサメールさんに会ったことはないけれど、「どうしてあの時に彼を止められなかったんだろう」と後悔していたという話をルアイさんから伝えられた。

印象はつながっていく

「オーナーになって今よりももっと快適な宿を作りたい」

一人の人間の行動が、周囲に大きな影響をもたらすことがある。

ルアイさんの親切心は、きっとこれまでたくさんの日本人と接してきたことで影響を受けて、現在の行動につながっ

「宿のオーナーさ。
今よりもっと良い宿を作って、
日本人を迎えたい」

ている。

僕たち旅人は、現地の方たちと交流することで、次の旅人の未来に影響を与えている、ということに気づかせてくれた出会いだった。振り返ってみると、この旅では世界中でたくさんの人たちと関わり、恩をもらってきた。

旅を通して出会った人たちが「日本っていいよね、日本人っていい奴らが多いよね」と感じてもらえるような行動をしていきたいと思うようになったのは、ルアイさんの影響が大きい。

小さな嘘が生んだ鋭いツッコミ

トルコのイスタンブールで撮影

Turkey
Istanbul

「さあ、チャイでも飲んでゆっくりいこう。
寛大で平和を愛する人でいたいからね」

チャイを飲んでいきなよ!

トルコのイスタンブールでは街を散歩していると、軒先で休憩をしている現地の方々に決まって声をかけられる。

「日本人ですか? チャイを飲んでいきなよ! どうぞどうぞ」

驚くほど流暢な日本語で話す人も多く、ほんのりリンゴ味がするアップルチャイをごちそうになりながら、少しの警戒心と溢れる好奇心に引き寄せられるように、たくさんの話をする。イスタンブールの街歩きは、現地の方たちとのコミュニケーションがあるから面白い。

「さあさあ、チャイでも飲んで絨毯を見ていきなよ」

この日も街を歩いていると、絨毯屋の店頭に立った男性から声をかけられた。見るからに小汚い長期旅行者の僕が、絨毯を買うように見えるのだろうか? いや、見えるはずがない。

一瞬で結論が出そうな問いだが、そんなことは関係なく男性は流暢な日本語で、にこやかに話しかけ続ける。

「日本のどこに住んでるの?」

旅中には現地の方に「Which city do you live in Japan?」と、日本のどこに住んでいるかを尋ねられることが多い。そんな時、僕は決まって「東京」と答えていた。実際は東京じゃないけど。

当時、川崎市に住んでいた僕は、川崎と言っても相手もわからなくて困惑するだろうと思って「東京」と答えてきた。富山県出身の僕にとっては、川崎も横浜も大宮も千葉も、大きく含めて東京みたいな感じだし。

「東京のどこ?」

え……。「東京」と答えたらだいたいは「オー、ビックシティ!」とか言われて話が切り替わるのだが、東京のどこに住んでるかを聞かれたのは初めてだった。

「……川崎」

「なんだ、東京じゃないじゃん!!」

……。

「寛大になり、平和を愛する人になる」

そう夢を語ってくれた日本のことをよく知る男性は、僕の適当な返答に鋭い指摘をしたが、寛大で平和な笑顔で許してくれたのだった。

あの有名人似の店主がつけたカフェの名前は？

ネパールのナガルコットで撮影

Nepal
Nagarkot

ナガルコットのノリタケさん

この男性、どことなくあの有名芸能人に似ていないだろうか？

ネパールの首都カトマンズから車で1時間半の距離にあるナガルコットは、標高2100メートルの高地にあるため、空気が澄んでいて、季節によってはヒマラヤの山々が美しく見える町だ。

雨季のジメジメとした暑さに満ちたカトマンズから訪れると、圧倒的な涼しさを感じられるこの町の魅力は、なんとっても世界一高い山を眺められること。そう、エベレストをテラスから眺められるのだ。エベレスト以外にも、8000メートル超えのマナスルやアンナプルナという豪華なラインナップがそびえ立つ様子は圧巻という情報を得て、日本人の旅人4人でナガルコットを訪れた。

暑くて埃っぽくてクラクションの音が絶えず鳴っているカトマンズとは対照的なナガルコットは、涼しくて澄んでいて静かな町で、朝を迎えるたびに癒やされた。残念ながら雨季の天候からエベレストも8000メートルの山々もほとんど霞んで見えなかったけれど、僕の心はその地のもつ魅力に癒やされっぱなしだった。

その大きな要因となったのが、1軒の食堂なのは間違いない。日本人の旅人にとって知る人ぞ知る有名なお店「ノリタケコーヒー」は、店主がとんねるずの木梨憲武さんに似ていることからその名がついたお店だ。

山じゃなくて、人に癒やされる

名物のチーズオムライスと店主のノリタケさんに会いたくてやってくる日本人旅人は多いらしく、閉店間際にやってきた僕を「コンバンハ」と言って迎えてくれた。

おお、似てる似てる。彫りの深い顔に照れたような表情まで親近感がある。

店内には木梨憲武さんと店主のノリタケさんが並んだイラストまで飾られてあって、日本人の旅人たちから愛されてきたことが伝わってきた。

チーズオムライスをガツガツと食べていると、隣のテーブルで楽しそうに騒いでいるネパール人4人組の1人が「日本人ですか？」と日本語で話しかけてきた。

話を聞くと、一人の青年の誕生日会をしているらしく、今からまさにその青年

「ノリタケさんと呼んで
遊びにきてくれるお客さんがいる。
ここに来てよかったと
思ってもらえるように、
大切にもてなしたい」

が誕生日ケーキを取り分けるから一緒に食べようと誘ってくれたところだった。日本では誕生日を迎えた当人はケーキを取り分けてもらうことが多いが、ネパールでは誕生日の当人がケーキを取り分ける文化らしく、僕たちの分までケーキを取り分けてくれた。

日本語を話す青年は、カトマンズからわざわざ友人の誕生日会のために駆けつけたそうで、「友だちだからねー」と流暢な日本語で話していたのが印象的だった。

久しぶりに再会したネパールの青年たちは少々お酒を飲みすぎたようで、夜が更けていくほどにベロベロになっていき、そんな様子を見てノリタケさんは「ネパール人はお酒を飲むとダメだ」と呆れていた。

でも、青年たちとは古くからの友人らしく、「やれやれ」と言いながらも締めのダルバート（ネパールの代表的な料理）を作ってあげている。優しい。これが「ノリタケさん」と呼ばれて、日本人旅人が代わる代わる訪れたくなるお店の理由なんだろう。

『日本人はノリタケさんと言って、たくさん遊びにやってきてくれる。私はその人たちに感謝し、これからもたくさんの人がここに来てよかったと思ってもらえるように、もてなしたい』

ノリタケさんは、彫りの深い素敵な笑顔でそう話してくれた。

8000メートルの山々はほとんど見えなかったけど、僕の心が癒やされていったのにはノリタケさんの笑顔が絶対に影響している。

パプリカと円卓の思い出

ハンガリーのブダペストで撮影

Hungary
Budapest

円卓で囲むシェア飯

「日本人宿」と呼ばれる日本人が多く集まる宿が世界中にある。日本人が経営していたり、ブログや口コミで評判になって日本人が多く集まるようになって「日本人宿」と呼ばれるようになるのだが、ハンガリーのブダペストにあった日本人宿は、僕が旅中に泊まった日本人宿の中でもトップクラスに居心地が良かった。

居心地の良い理由は清潔とか、マンガが置いてあるとか、オーナーが優しいとかいろいろあるのだけど、一番の理由は「円卓で囲むシェア飯」が、緊張感のある長旅で疲弊した心に安息を与えてくれたからに他ならない。

この宿には宿泊者が共有で使えるキッチンがあって、自由に料理をすることができる。もちろん自分だけのために料理を作ってもいいのだけど、その日に泊まる宿泊者同士で声をかけ合って、一緒に料理を作って食べるシェア飯は、孤独に食事をするよりも何倍も楽しくて美味しい食事を味わえることもあって、滞在中は毎日シェア飯をしていた。

豚キムチ、ハンバーグ、名物のフォアグラ……。宿には大きな円卓があって、みんなで作った夕飯を顔を合わせながら食べる時間は、実家に戻ったような安心感があって、胃袋だけでなく心まで満たされた。

この宿が多くの旅人から「世界一居心地が良い」と言われる所以は、この円卓にあったんじゃないかと思う。

パプリカたっぷりのグヤーシュ

ある日、そんなシェア飯に強力な助っ人がやってきた。

ハンガリー人と日本人のご夫妻で、二人とも現地でシェフとして働いているガビさん&はるみさん。二人が家庭的なハンガリー料理「グヤーシュ」を作ってくれるということで、その日は宿泊者たちがお祭り状態。

ハンガリーの名産である

「愛する女性と健康に暮らし、
将来は日本に住んでみたい。
まあ、行くまでが大変なんだけどね」

大量のパプリカを中心に、トマト、玉ねぎ、サラミを煮込み、ヨーグルト、サワークリーム、オリーブオイル、塩こしょうを加えて出来上がり。

　ハンガリーではパプリカをたくさん使うのが特徴で、粉パプリカも加える。日本のカレー的存在の素朴な家庭料理らしく、味はもちろん最高だったけど、やっぱり円卓で皆の顔を見ながら、異国の家庭料理を食べられることが極上の贅沢だった。

「愛する女性と健康に暮らし、将来は日本に住んでみたい。日本はとても居心地がよくて、親切な人たちが多かったから。まあ、行くまでが大変なんだけどね」

　日本人女性と結婚したハンガリー男性のガビちゃんは、極度の飛行機恐怖症のため、日本に行く時にはいつもハラハラドキドキと生きた心地がしないらしい。「飛行機を降りる時には、全身が汗でびっしょりだから、日本に行くのはなかなか大変なんだよ」と、屈託のない笑顔で話してくれた。

　日本のスーパーで売られている真っ赤なパプリカを見るたびに、あの時のグヤーシュの味と、屈託のない笑顔と、円卓の光景を思い出す。

オリーブ畑で癒されて

アルゼンチンのメンドーサで撮影

Mi sueño es que todos
los argentinos comencemos
a ser más unidos, que
nos unamos para lograr un
mejor país

Argentina
Mendoza

ブエノスアイレスの街

世界で二番目に美しいと評される本屋

南米大陸に上陸

ヨーロッパから大西洋を渡って南米のアルゼンチンにやってきた。南米へ行ったことのある旅人からは「強盗にあった」「スリにあった」と治安面で不安な話を耳にしていたので、ブエノスアイレスの街を歩く時は今までよりも緊張感があった。街を散策している時も、リュックのファスナーに南京錠をかけて簡単に開けられないような対策をしたり、何度も後ろを振り返って周囲を確認しながら歩いた。

オリーブ農園の女性

そんなブエノスアイレスから長距離バスに乗って向かった先はメンドーサ。ワイン生産量が世界第4位のアルゼンチンの中で、実に国内の70%の生産量を占める街だ。近郊の町マイプにはたくさんのワイナリーやオリーブ畑があって、訪れた人は試飲や試食を楽しめるのも魅力のひとつ。

ブエノスアイレスはめちゃくちゃ都会だったけれど、ここマイプは自然が豊かで静かな街。太陽に照らされた木々の緑が眩しくて気持ちよくなって歩いていると、畑の中からふいにモコモコのアルパカが現れた。うれしくなって近づくと逃げていき、またしばらくすると近づいてくる。そんな姿に癒やされながら、生命力が溢れた大きなオリーブの木々が並ぶ道を歩くのはとても気持ちがよかった。

家族経営の小さなオリーブ農場を訪れると、いかにも健康そうな肌艶の良い女性が、オリーブ、アーモンド、桃、プラムなどを作っている畑を案内しながら丁寧に説明してくれた。

案内の終わりに桃のジュースとオリーブやピクルスの盛り合わせを出し

「アルゼンチンの人々が団結して、
よりよい国を造っていけたらいい。
難しいことだけどね」

てくれたので、太陽の光を浴びながらさまざまな種類のオリーブの実を食べた。緑が美しく、鳥の鳴き声が聞こえる静かな環境。喧騒のブエノスアイレスから離れて、やっと心を落ち着けられた時間も合わせて、心が満たされていった。

そんな豊かな農園でオリーブを育てながら暮らす女性に、夢を尋ねた。

「アルゼンチンの人々が団結して、よりよい国を造っていけたらいい」

異国からの訪問者が突然に夢を尋ねた中で、事前に決めていたかのようにサラサラと自分のことではなく、国の成長を期待して書いた様子は驚きだった。

「難しいことだけどね」と言って明るく笑う表情が穏やかでもあり、力強くもある。豊かな土地で暮らす女性の、豊かな夢を聞くことができた。

妻がいない間に起きた悲劇

タンザニアのザンジバル島で撮影

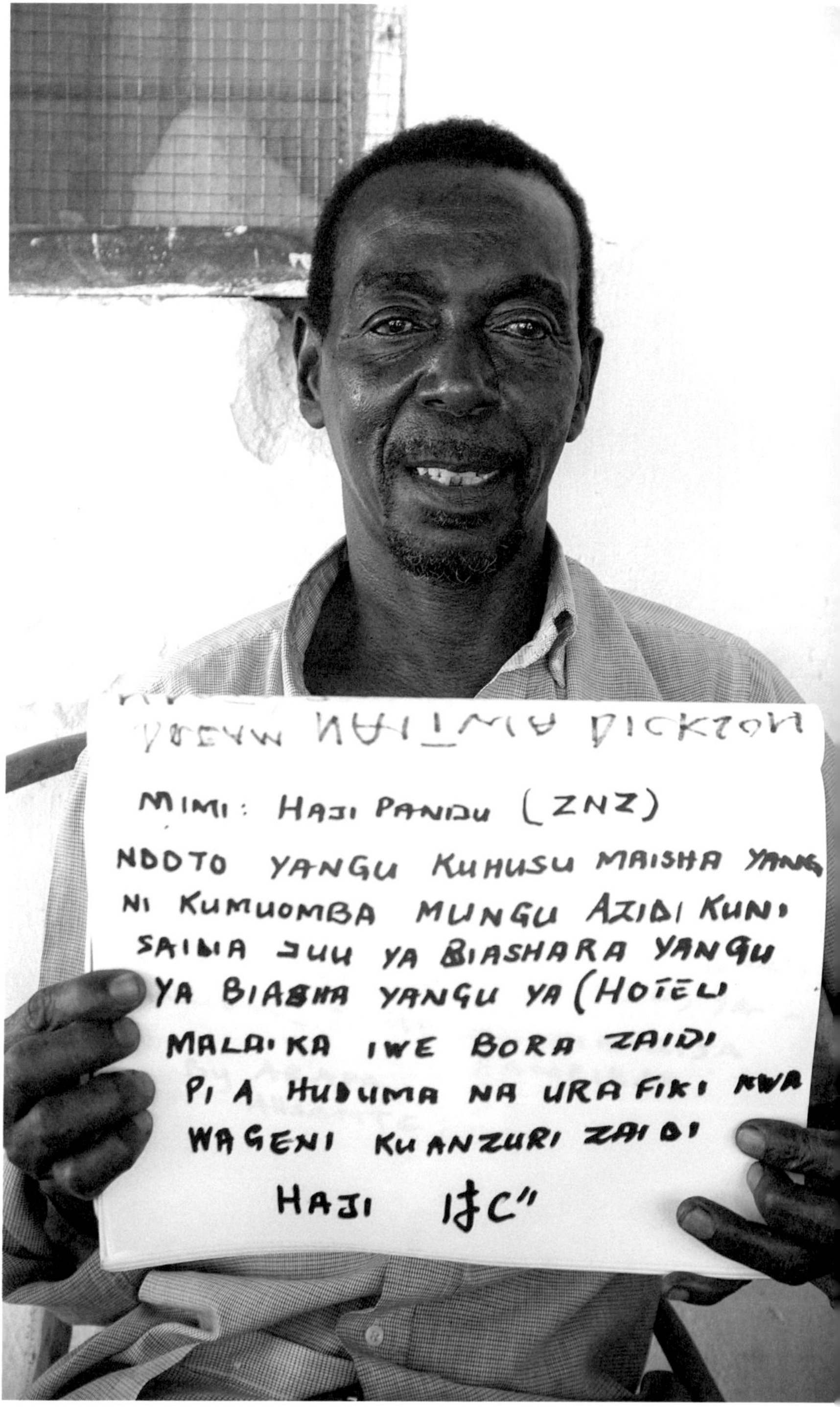

Tanzania
Zanzibar Island

絶対に行ったらいいと教えられた宿

旅を続けていると「この宿には絶対に行ったほうがいい」という情報と出会うことがある。

旅人同士の口コミだったり、今は化石となった情報ノート（旅人たちが宿の共有ノートに書き記したメモ）だったり、誰かのブログを読んで興味をもったりと、出会う手段はさまざま。アフリカから東に進んできた旅人とトルコのイスタンブールで出会った時には「タンザニアのザンジバル島にあるマライカゲストハウスには行ったほうがいい」と強く薦められた。

まったく聞いたことのない宿だったが、これからアフリカへ行く僕にとってはありがたい情報。少しでも安くて快適で刺激的な宿に泊まりたいので、実際に宿泊してきた旅人の生の話を深く聞いてみた。

何もないけど最高の宿

旅人が伝えてくれたマライカゲストハウスの情報をまとめるとこんな感じ。

①インド洋の美しい海まで徒歩15秒。
②朝食・夕食付きで1泊10ドル。
③食事はオーナーのハジさんが作る日本食風料理。
④ハジさんの付かず離れずの対応が癒やされる。
⑤周囲の治安はかなり良く、観光客も少ないので人々が友好的。
⑥海以外は何もすることはないけどゆっくりできる。
⑦星空がキレイ。
⑧宿に電気がない。
⑨もちろんホットシャワーやWiFiなんてあるわけない。

電気がなくて、ホットシャワーがなくて、WiFiがないのに「この宿は行っ

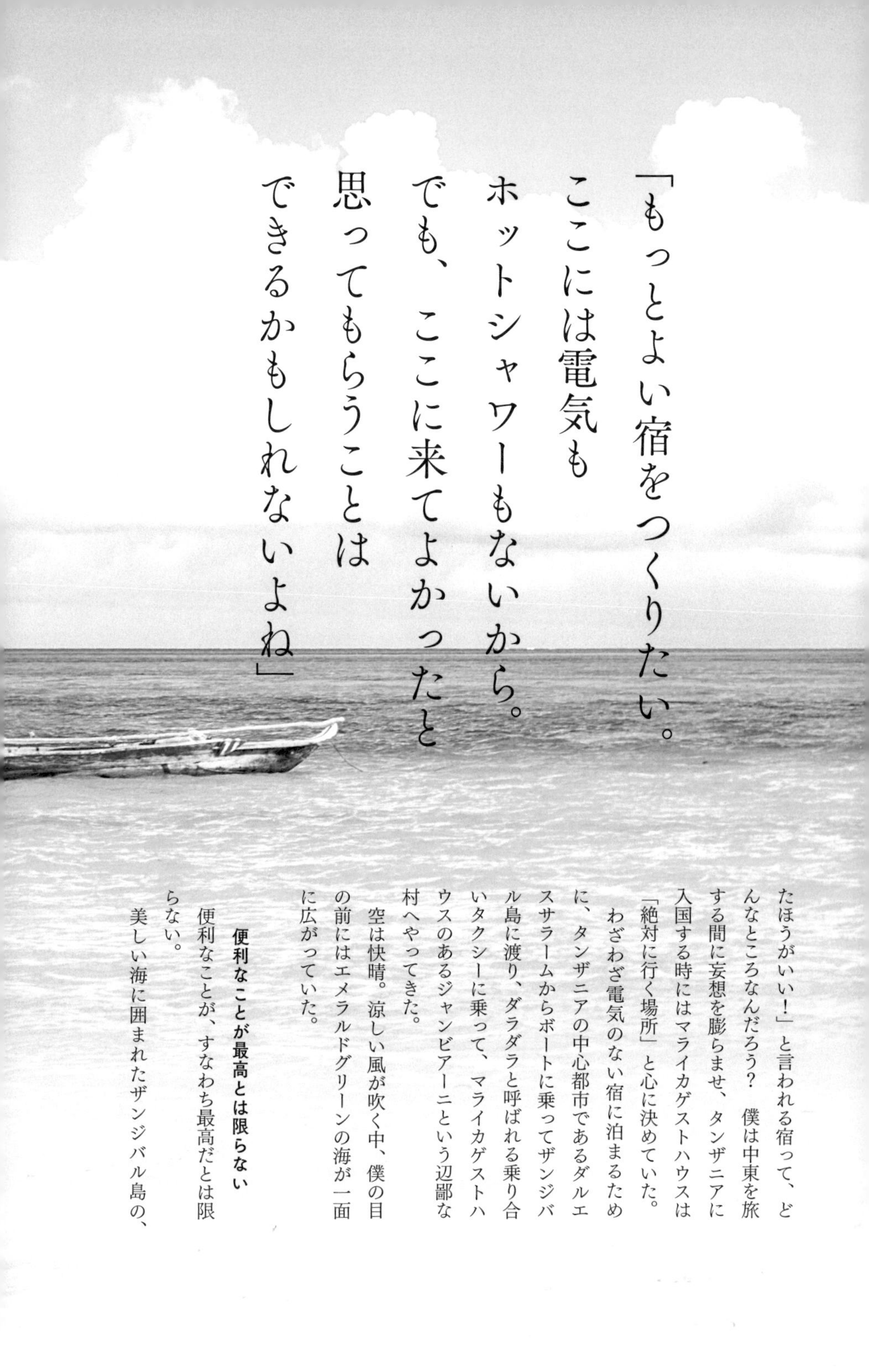

「もっとよい宿をつくりたい。
ここには電気も
ホットシャワーもないから。
でも、ここに来てよかったと
思ってもらうことは
できるかもしれないよね」

たほうがいい！」と言われる宿って、どんなところなんだろう？　僕は中東を旅する間に妄想を膨らませ、タンザニアに入国する時にはマライカゲストハウスは「絶対に行く場所」と心に決めていた。

わざわざ電気のない宿に泊まるために、タンザニアの中心都市であるダルエスサラームからボートに乗ってザンジバル島に渡り、ダラダラと呼ばれる乗り合いタクシーに乗って、マライカゲストハウスのあるジャンビアーニという辺鄙な村へやってきた。

空は快晴。涼しい風が吹く中、僕の目の前にはエメラルドグリーンの海が一面に広がっていた。

便利なことが最高とは限らない

便利なことが、すなわち最高だとは限らない。

美しい海に囲まれたザンジバル島の、

とても辺鄙な場所にある一つの宿。そこにはホットシャワーもなければＷｉＦｉもない。ましてや、電気もない。それでも、太陽が映える美しい海が目の前にあり、夜になれば一面の夜空に煌めく星がある。

そんなマライカゲストハウスで過ごした日々のありふれた一日を紹介する。

朝起きて目の前に広がるビーチを散歩し、気が済むまで海で泳ぎ、乾いた喉を缶コーラで潤して昼寝をする。テラスでのんびりしていると、地元の子どもが集まって来て、一緒に貝を拾ったり、手作りドーナツを押し売りされる（これがまた美味い）。子どもにカメラを向けると魂が抜かれるとばかりにうわーっと一斉に逃げていき、しばらくするとまた集まってきて一緒にボールを蹴って遊んだり。

赤く染まる広い空を眺めていると、電気のない世界は次第に真っ暗になる。ハジさんがロウソクに火を点けてくれて、ぼんやりした灯りの下、その日の宿泊者と語らいながら、醤油で煮た魚料理を食べる。満天に輝く星空。流れ星や天の川が見える贅沢な時間。

「この宿には何もない。だから、お客さんがもっと気持ちよく過ごせるような宿を作っていきたい。今はまだ何もないけど、それでもお客さんがここに来てよかったと思ってもらうことはできるかもしれないよね」

日本人が経営する宿で働き、日本食を作れるようになって、妻と一緒に自分の宿を開いたハジさんは、宿に電気を通し、ホットシャワーをつけて……と、夢を語ってくれた。

ここには電気もホットシャワーもないけれど、それに代わる美しいものがある。「何もないけど、ここに来てよかったと思ってもらうことはできるかもしれない」と語ったハジさんの声が、過酷だったアフリカの旅で疲れていた僕の心を癒やしてくれた。

夫と一緒によりよいゲストハウスを作りたい

妻がいない間に

と、思っていたが、この話には続きがある。

ある日のこと。ハジさんの妻がフェリーに乗って本島に出かける用事があると言って、朝一番のバスで出かけていった。妻を見送ったハジさんは、僕から見てもわかるくらいに顔をニヤけながら羽根を伸ばすように、テラスで酒を飲み始めた。

酔っ払ったハジさんは、フラフラとテラスを出ていき、そろそろ夕飯の時間だけどちゃんと帰ってくるのかなと不安になってきたタイミングで、もっとフラフラの千鳥足になって帰ってきた。

あんな様子じゃ夕飯なんか作れないんじゃないかと心配したけど、さすがハジさん。「ホスピタリティがハンパない」と情報ノートに書かれているだけあって、すぐにキッチンに入って何かを作り始めた。

そう思っていると、息子にだけ夕飯を作って、またフラフラと消えていった。

え……？

その日はハジさんが帰ってくることもなく、夕飯を当てにしていた僕はビスケットをボリボリと食べながら、静かに星を眺めた。おいおい、もっと宿を良くしたいんじゃなかったのか！　とツッコミたくなったけど、まあ、それも人間だね。

宿泊者たちに壮大にツッコまれて「奥さんに言ってやる！」と弱みを握られたハジさんは、翌日の夕食をいつもより豪華にしてくれたことは言うまでもない。

長い旅に出た理由

旅に出るようになったのは、外の世界を知りたいと思ったことがきっかけでした。

なにかを始めようと思った時、いつも外の世界が僕を刺激し、興味をもったことが全てのスタートになっているように感じています。

大学生の頃に本を年間１００冊読もうと決意したのは、友人宅の本棚に大量の本が並べられていてかっこよく見えたからだったし、写真展を開催しようと思えたのは、写真家の石川直樹さんに出会ったからでした。

バスケットボールを始めたのも、カメラが好きになった理由も、仕事を選んだ時も、好きな人ができた時も、みんな外からの刺激がきっかけでした。

もしかすると、あなたがなにかを始める時は、きっと僕と同じように外の世界を知ろうとしたからなんじゃないかと思います。

ダイエットを始めようと思うのも、あの子から好かれるようになりたいとか、この肉がなくなった体を感じてみたいとか。英語を始めようと思うのも、旅行先で外国人と話したいとか、TOEICで何点以上取った後の世界を感じてみたいとか。そんな風に外の世界に目が向いたことがキッカケになっているんじゃないかな？

もちろん細かい理由はそれぞれあるんだろうけど、大きくまとめると今ある世界を飛び出して、「外の世界」を知ろうとしたからなんだと思う。少なくとも僕はそうでした。

時間の経過とともに、快適なはずの内の世界だけでは満足できなくなって、知らない世界を見てみたくなる。そうやっていつも、外の世界を知ろうとすることから何かが始まっていったという話を聞いてください。

あなたはどんな学生生活を送っていましたか？　僕は授業中、ぼんやりと地図ばかり眺めていました。

中国、チベット、ネパール、インドへと続く大陸に思いを馳せ、南米に住むインディヘナの暮らしを想像し、動

物たちが駆け抜けるアフリカの大地に心を躍らせながら、狭い教室の中でいつも旅をしていました。

地図を眺めてばかりの僕の地理の成績は、いつも赤点ギリギリをさまよってばかり。それもそのはずで、僕が地図を眺めたことがキッカケで興味をもった単語なんて、まったく地理のテストには出なかったから。

ダライ・ラマ、カッパドキア、マサイマラ、チャリダー、チベット、ウユニ、ボゴタ、ロカ岬、エルサレム、ヌビアン、アウシュビッツ……

そうやって妄想の旅を続けていると、今までまったく知らなかった外国にまつわる単語を知るようになり、その音にドキドキするようになっていったことを覚えています。

知らなかった音を探すように地図を眺め、かつて旅をした人たちの言葉を集め、いつか、いつかと繰り返しながら、その時その時で今を生きていく。

地方の田舎町で育った僕には、その地方が世界の全てでした。幼稚園の時は町内が、小学校の時は市内が、中学高校の時は県内が僕の世界の全てで、ゆっくりと、少しずつ自分の世界が広がっていったように感じています。

立山より高い山を実感として想像することは難しく、御車山祭りよりも大きな祭りを知らなかった世界。富士山より高い場所に琵琶湖の12倍の面積を持つ湖があることも、1週間夜通し踊り続ける祭りがあることも、自分の世界からは想像することができませんでした。

自分の足で歩いてみて知ったことは数多くあります。勤務先のデパートで、休憩時間に超高速で長縄を楽しむ女性たちがいたり、象つかいが電話をしながら象に乗って散歩する村がありました。飛ぶように売れるパン屋では、レジの上から次々と出来たてのパンが落ちてきて、行列ができる客にどんどんパンを売りさばいていたり。

それらの光景をみた時に、僕は思わず「すげー」とバカみたいにぼんやりとした声を出しながら笑ってしまった。教科書にも地図帳にも書いていない、自分がその場にいたことで知った感覚がたまっていくことはとてもうれしかったんですよね。

それは、幼稚園から小学校にあがった時に、この町内だけが世界の全てではなかったと知った時の感覚と似ているように思います。

正直なところ、旅する場所はどこでもいいんです。外国でも、家の近所でも、地図を眺めることでも、パソコンの画面でも。自分の外の世界を知ることで、今まで自分が知らなかった世界に出会える瞬間があれば、場所はどこでもよかった。

自分の外側にいる人たちとたくさん出会うことで、その人たちがどんなことを考え、どんな未来を想像し、どんな背景があって、その夢にたどり着いたのかを知りたくなって、その手段として、世界を旅することを選びました。

始まりは、いつも外の世界を知ることからでした。

あなたの外の世界が、あなたの始まりを作る。そのきっかけになればうれしく思い、この本を書きました。

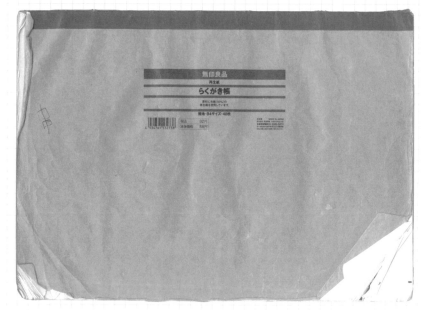

日本で買った１冊目

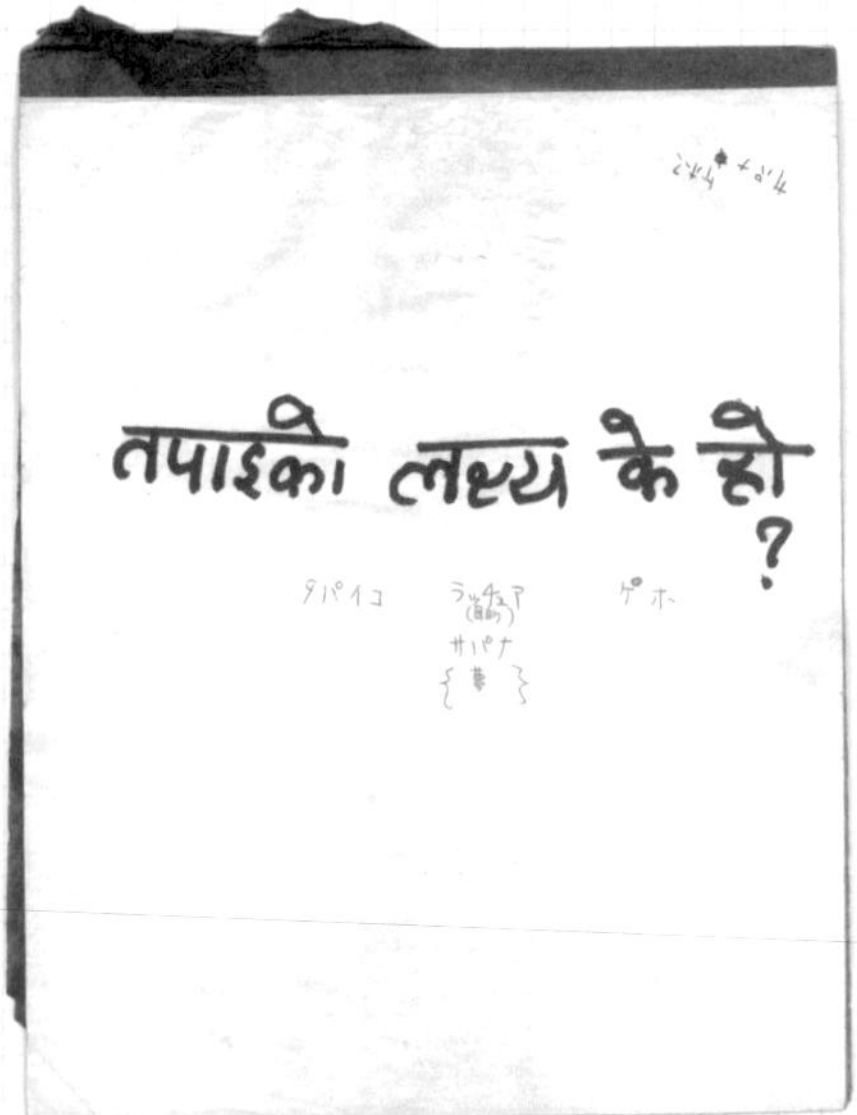

チベットで買った２冊目

ネパールで買った 3 冊目

トルコで買った 4 冊目

イスラム教って怖くないの？

エジプトのギザで撮影

Egypt
Giza

口コミと体験談

イタリアからエジプトに飛行機で行くことになってから、未知なるアフリカ大陸の端にあるエジプトについてネットで調べていると、「エジプトの旅はめちゃくちゃ面倒くさい」という口コミで賑わっていた。「しつこい」「声をかけてきすぎる」「騙された」……。

なんだかあまり評判が良くないので警戒しながらエジプトに入国したけれど、結論から言うとエジプトではたくさんの人からの親切を受けた。

最初の親切は、入国してすぐのこと。空港から市街の中心地にあるホテルまで路線バスに乗ろうとしたのだけど、僕から尋ねる前にたくさんの人が集まってきて「どこに行くの?」「どのバスに乗りたいの?」「それならこれに乗れ」「運賃はいくらだ」と、世話を焼いてくれた。

街を歩いていても、目が合うとニコっと微笑んでくれる人も多いし、地下鉄に乗れば大人も子どもも興味津々に声をかけてきてくれる。全然、悪い感じなんてしない。

挙句の果てには、信号待ちをして立っていると、どうにも我慢できなくなったとばかりに、少女がコチラを振り返って「Welcome to Egypt!!」と、はにかんだ笑顔で声をかけてくれた。

通りすがりの外国人旅行者に「Welcome to Japan!!」と伝えた人が、日本にどれだけいるだろう。

エジプトでは、こういう他人を放っておけない優しさに触れることがたくさんあって、ネットの情報ばかりを見て勝手に悪い印象をもって警戒していた過去の自分に教えたくなった。

ずっと覚えておきたい記憶

エジプトの人たちが見ず知らずの旅行者である僕に好意的な対応をしてくれたのは、イスラムの教えが影響しているらしい。

イスラムの教えには「旅行者には親切にしなさい」という考え方があって、きっと僕がエジプトをはじめ、ヨルダンやトルコで受けたたくさんの親切は、イスラムの教えを守ろうという信仰心から発する優しさなんだろう。

ピラミッドを散策して帰りのバスに

自分は満たされているから、
誰かに与えられるような、
喜捨の心をもち続けていたい

乗ろうと歩いていると、「お茶でも飲んで行きなよ!」と声をかけられたので、ついて行ってみることにした。その場にいた青年と話をしていく中で夢を尋ねてみると、自分の夢は**「喜捨の心を持ち続けること」**だと話してくれた。

喜捨の心ってなんだろう?

イスラム教には、「裕福な者が貧しい者へ分け与える」という考え方がある。裕福なものが貧しいものを支えるということは、つまり周囲に感謝し、他の人々を気遣う心を意味すると青年は話してくれた。

日本ではイスラム教というと、ニュースで報道される過激なイメージをもつ人が多いかもしれないが、旅をしている時に感じた僕の印象はこの通り異なる。

僕が言葉を理解するまで何度も穏やかに説明をしてくれたこの青年や、困っている時に声をかけてくれた人たちの顔を思い浮かべると、ネットやテレビの情報だけでは得られない表情が僕の頭を満たしてくれる。

観光業に携わる人の中には少しお節介な人もいたけれど、エジプトで暮らす人たちは、僕が困っているといつも親切に助けてくれた。あの人たちの優しさは、ずっと覚えておきたい旅の記憶だ。

ライダーの憧れ！
バイクで世界一高い山を目指す案内人

MY DREAM IS MY WORK
RUNNING MOTOR CYCLE TOURS
FROM NEPAL TO TIBET TOP
OF THE WORLD.....
RoB

エベレストBCで撮影

Everest
Base Camp

エベレストを眺めながら仕事をする

「世界で一番高い山は?」と聞かれたら、答えられる人も多いでしょう。答えはもちろんエベレスト。

じゃあ、エベレストはどこの国にあるのと聞かれると、どうだろう。答えはネパールとチベットに跨っている。チベットは中国の自治区なので、正確にはネパールと中国。富士山が静岡県と山梨県に跨っているように、エベレストはチベットとネパールの間にそびえ立っているわけだ。

そんなチベット側の標高5200メートル地点に、エベレストのベースキャンプがある。ベースキャンプとはエベレスト登山の拠点となる場所で、登山者はもちろん、宿泊客を招くためにそこで働いたり生活している子どももいる。

石や岩の大地でエベレストを眺めるために、あるいは世界一の高さにある山頂に立つために、世界中から人々が集まってくるエベレストのベースキャンプには、ぜひ一度行ってみてほしい。

こんなところにハーレー!?

そんな荒涼とした大地に、数台の大型バイクが停められていた。どうして、こんなところに何台ものハーレーダビッドソンが?

興味が湧いたのでバイクの周辺で待っていると、ライダーズジャケットを着た大きな体の男性が仲間たちと談笑しながらバイクに近づいてきた。

「これは、あなたのバイク?」

「そうだよ」

「どこから来たの?」

「ネパールのカトマンズだよ」

自分はオーストラリア出身だと語るその男性に話を聞くと、ネパールのカトマンズから客を連れてバイクでエベレス

「自分の夢は、この仕事だよ。
今の自分の姿が、
ずっと夢だったんだ」

トのベースキャンプまで旅をするというツアーを運営しているらしい。いろんな仕事があるものだ。

「自分の夢は、この仕事だよ」

大好きなバイクに跨って、世界で最も高い頂きを見たいという好奇心旺盛な人たちと旅をする。空気が薄いから高山病に悩まされる人も多いけど、ここに連れてくると、いつもみんな「わお！」と声を上げて喜んでくれるのが楽しいんだよと語ってくれた。

今の自分の姿がずっと夢だったと語る柔和な表情が、とてもかっこよかった。

いつか見せたい写真がある

ギリシャのメイス島で撮影

スーパーママになる。
この旅で撮りためた写真を見せて、
いつか出会う自分の子供たちに、
「世界はこんなにステキなんだよ」と
伝えてあげたい。
千葉淳子

Greece
Meis Island

誰のための写真？

世界を旅している時に、たくさんの写真を撮った。日本では見たこともない景色を目の当たりにして、夢中になって写真を撮った。毎日重いカメラをカバンに入れて、スリや強盗に狙われるんじゃないかといつも緊張しながら写真を撮っていた。

写真を撮っているだけでは飽き足らなくなり、撮った写真を誰かが見てくれればうれしいとHPを立ち上げ、自分の想いを言葉にして届けたいと旅行記を綴った。

誰が見てくれるのかもわからなかったけど、誰かが見てくれることを期待して、写真を撮って、言葉を紡いだ。

誰かに写真を見てほしい。誰かに文章を読んでほしい。

そんな気持ちをもって始めたことだったけど、結局あの時は、誰に写真や文章を見てほしかったのだろう？

一人の旅人の未来

ギリシャで出会った一人旅をしている日本人女性に夢を尋ねた時のこと。

「**いつか出会う自分の子どもたちに、世界はこんなにステキなんだよって伝えてあげたい**」と輝く瞳で伝えてくれた彼女の言葉が僕の心に残った。

日本人女性はギリシャの美しい島々で暮らす人々や驚いた光景を何枚も写真に撮っていた。何枚も何枚も何枚も。土地の人も、食べ物も、猫も、目にしたものは

「いつか出会う自分の子どもたちに、
世界はこんなにステキなんだよって
伝えてあげたい」

なんでもうれしそうに撮影していた。ついには写真を撮っている僕のことまで撮ってくれたり。

歩くたびに随分たくさん写真を撮る姿を不思議に眺めていたけれど、彼女の夢を教えてもらった時にパズルのピースが合ったようにストンと腑に落ちた。彼女の視界には、未来の自分とその隣にいるだろう小さな存在がぼんやりとみえているのかもしれないと。いつの日か、自分が見てきた美しい世界を共有する光景が見えていたんじゃないかと思った。

あの時から幾年が経った今、彼女には二人の元気な子どもがいる。

一人の旅人からスーパーママになった彼女は、子どもの隣に座ってあの頃の写真を一緒に眺める時間を過ごしているのだろうか。オレンジ色に輝く光に照らされた世界を眺めた子どもたちがどんな反応をしたのか、いつの日か聞いてみたくなった。

緯度0度から世界一楽しい場所へ

エクアドルのキトで撮影

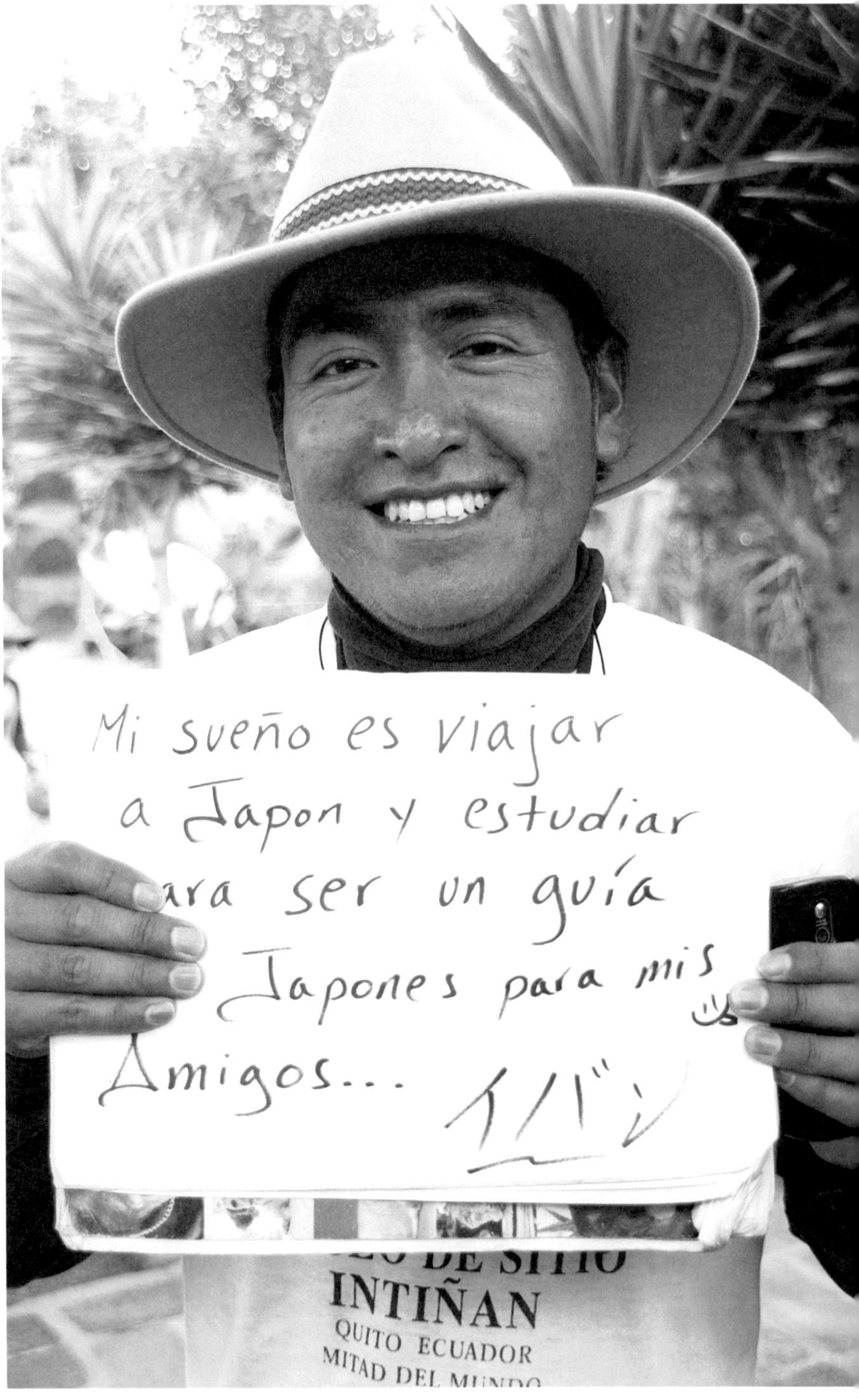
Mi sueño es viajar
a Japon y estudiar
ara ser un guía
Japones para mis
Amigos...
イバン
INTIÑAN
QUITO ECUADOR

Ecuador
Quito

赤道の不思議

エクアドルの首都キトは「永遠の春」と呼ばれる都市。赤道直下にも関わらず、標高2800メートルに位置するので一年中涼しくて過ごしやすいことからそう呼ばれている。

ダーウィンの進化論で有名なガラパゴス諸島から飛行機に乗って首都のキトにやって来た目的は、そのキトから20キロ離れたところにある赤道を体験するため。

赤道を体験するってどういうことだろうと疑問に思うだろうから、まずは赤道について少し解説。赤道とは緯度0度を意味する場所で、赤道より北を北半球、南を南半球と呼ぶ。エクアドルという国名はスペイン語で「赤道」を意味していて、首都キトから20キロ離れたところに赤道が通っていることから、赤道記念碑なる大々的な観光施設が建てられている。

そんな緯度0度の赤道には、ここにしかない不思議な力がある。

①赤道直下ではシンクに栓をして水を貯めてから水を抜くと、流れる時に渦ができない

地球の自転の影響から、貯まった水がひとつの穴に落ちていく時に生じる渦巻は北半球と南半球では逆回転になる。だからトイレで水を流すと北半球と南半球は逆回転。台風も逆回転。そして赤道直下では渦を巻かずにそのまま水が落ちていく。

②生卵が立つ

赤道では真下に引っ張られる重力と、真上に引っ張られる遠心力だけの力しか外的な力が働かないことから、卵を立たせやすくなる。

他にも、**③体重が軽くなる**とか、**④真っ直ぐ歩きづらくなる**とか、赤道ならではの体験ができるということで、赤道直下にある赤道記念碑を訪ねてみた。

信じられないミス

さて、赤道記念碑に着いてみたものの、そこには巨大なモニュメントがあるだけで、人の気配がない寂れた観光地

「日本人ですか？
ぼくは、ガラパゴス諸島に移住して
日本語ガイドになることを目指しています」

だった。それもそのはず、理由はこの赤道記念碑には信じられないような残念な話があるから。

なんと、赤道記念碑という大々的なモニュメントを造ったにも関わらず、この場所が実際の赤道から250メートル外れているということが後々発覚したらしい。絶対に間違えちゃいけない「場所」が売りの観光地なのに、肝心の位置を間違えちゃった。こんな残念な観光地、世界広しといえどなかなかない。

これではまずいと思ったのか、250メートル離れた本物の赤道が通った場所に、怪しげで小ぢんまりとした施設が建てられているというので、行ってみることにした。

たどり着いた施設にはもちろん大きな記念碑はなく、あるのは地面に描かれた赤い線と小さな実験装置だけ。きっと予算もなくなっちゃったし、ここも本当に合ってるの？　と心配になったんだろう……。

日本語を勉強中のガイド

とはいえ、本物は本物。卵を立ててみたり、渦巻の実験をしていると、実際に学習した通りの現象が起こる。すごい。興奮しながら卵を立てている僕の顔を見て「日本人です

か？」と、日本語で声をかけてきた青年がいた。青年はここで働いているガイドのイバン。日本語を勉強中の彼は、僕が日本人だとわかると、目を輝かせて日本語を話してきたわけだ。

「ガラパゴスへ移住して日本語ガイドになるために、勉強しています」

ガラパゴス諸島は、エクアドルが誇る世界で唯一の特別な場所で、ゾウガメやアシカやイグアナが当たり前のように人間と共存している不思議な島だ。日本からもたくさんの観光客が訪れることもあって、日本語を勉強し、日本人をガイドできるようになりたいとキラキラと輝いた瞳で伝えてくれた。

世界各地を旅してきた中で、純粋な「楽しさ」という観点からは、ガラパゴス諸島が一番だったかもしれない。普通の海水浴場でアシカやエイやペンギンと一緒に泳げたり、見たこともない大きさの野生のゾウガメが森を歩いていたり、たくさんの動物が市場に食べ物を求めて集まっている。

日本で生活していると想像もつかないような場所が世界にはあって、そういう場所での経験が自分の枠を広げていってくれているように思う。いつか、子どもを連れて遊びに行きたい場所の一つで、その時には、イバンと再会できればうれしい。

Greece
Meis Island

青の洞窟があるメイス島の
穏やかな風土が生んだ夢

ギリシャのメイス島で撮影

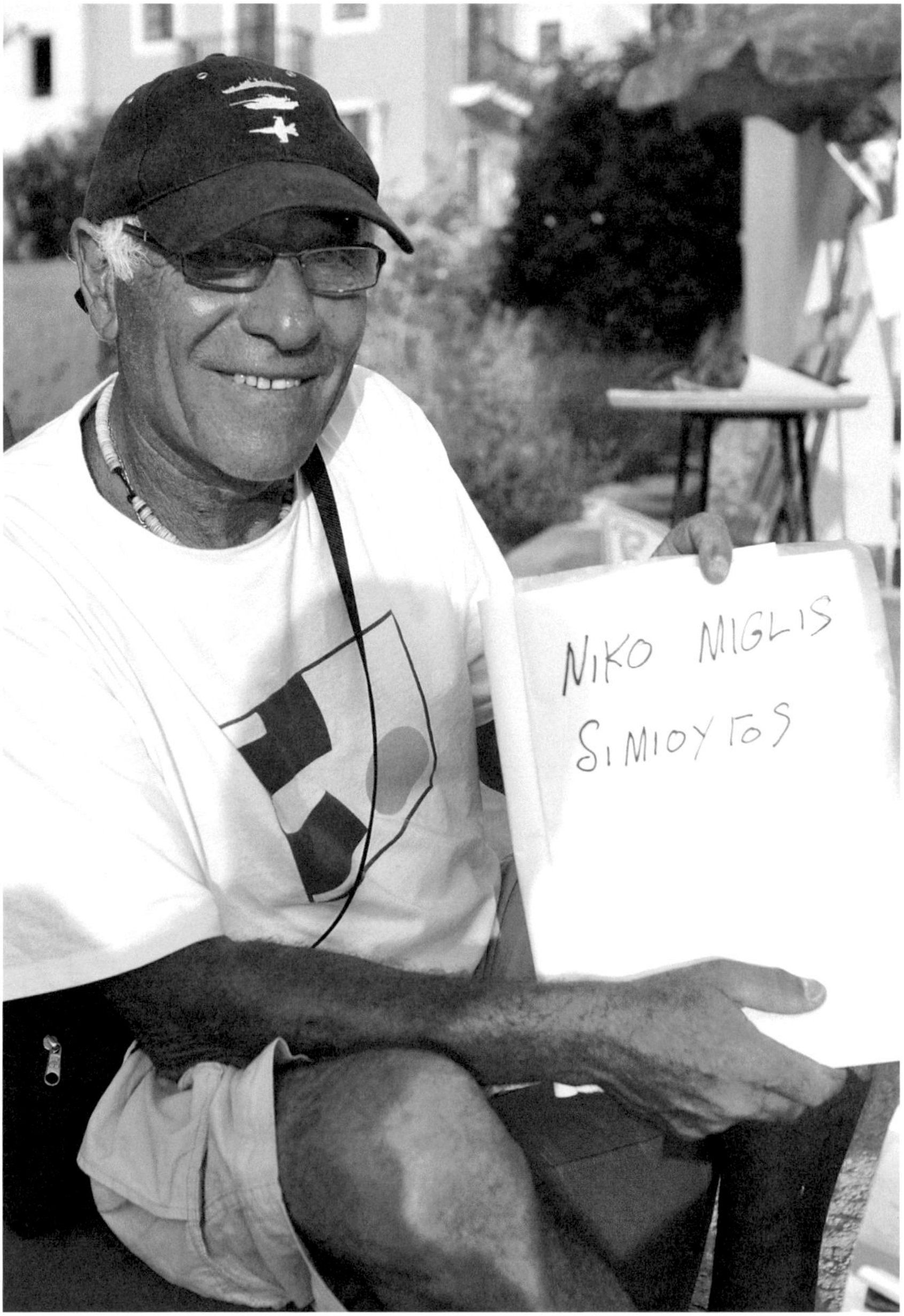

メイス島の青の洞窟

トルコの南にあるカシュという港町から30分ほど船に乗ると、ブーゲンビリヤが咲くギリシャのメイス島に到着した。

メイス島は真っ青なエーゲ海に浮かぶ小さな島で、中東の色が濃かったトルコから一変して、きれいなオープンカフェが並び、ヨーロッパの雰囲気を感じさせた。

そんなメイス島に来た目的は、青の洞窟で泳ぐこと。超有名観光地となっているイタリアの青の洞窟とは違って、メイス島の青の洞窟は観光客も少ないため、洞窟内で自由に泳ぐことができるそうだ。

早速シータクシーに乗って青の洞窟に向かうと、入口と言われて指をさされた場所を見て驚いた。ボートが通れるかどうか、本当にギリギリという感じの穴があって、ここを通った先に青の洞窟があるらしい。波や潮の影響で中までボートが入れないことも多いそうだが、この日は床に這いつくばって、なんとかボートで中に入ると、そこは神秘的な青色の世界が広がっていた。見渡す限りの美しい青い世界。キューバのトリニダーやモロッコのシャウエンなど、世界各国で青色が印象的だった場所はあったけれど、この青の洞窟に勝る青色は今振り返ってもどこにもなかった。

誇らしく好きなことを

青の洞窟を満喫して島に戻ると、港町の海に面した広場で青空露店市が開かれていた。そこには手作りの雑貨や土産物が無作為に並んでいて、目的もなくただ眺めて歩いているだけでも楽しい。

偶然通りかかったセーラー服を着た船乗りたちが声をかけてくれたので立ち止まって話していると、青空市場で手作りの雑貨を売っている男性が、この島のように穏やかな笑顔を向けて微笑んだ。

「自分の夢は、この店そのものだよ」

店主は雑然と並べられた雑貨を指差しながら、自信に満ちた表情で再び微笑む。

夕日に照らされながら「My dream is this」と言って、屋根のない露天市場のお店を誇らしげに指さしてくれた姿が、震えるくらいにかっこよかった。

その土地の風土は、そこに住む人々に少なからず影響を与える。メイス島の穏やかな雰囲気が、彼の優しくて誇らしげな表情を物語っているような気がした。

「自分の夢は、
この店そのものだよ」

争いとは無縁のサハラ砂漠の町で

モロッコのメルズーガで撮影

Morocco
Merzouga

サハラ砂漠でラクダに乗る

モロッコのマラケシュからサハラ砂漠の麓の町メルズーガへやってきた。サハラ砂漠の麓というだけあって、メルズーガの町は日干しレンガの家が転々とあるだけ。高い建物もなければ、商店もたった一つしかない静かな町だった。

そんな何もない町にやってきた理由は、サハラ砂漠をラクダに乗って旅するツアーに参加すること。

ツアーに申し込むと若い男性が宿まで迎えに来てくれたので外に出てみると、3頭のラクダが一列になって正座をしていて、そのあまりの愛らしさに一発でラクダのファンになってしまった。ラクダ使いの若い男性が「おい」と合図をすると、よいしょとラクダが立ち上がったのだが、実際に乗ってみると、これがけっこう揺れる。視線も高いし。

宿から10分ほど歩くと（ラクダが）、そこはもう砂漠。夕方の西日に照らされた砂が美しい色に染まっていく。誰も踏んでいない砂地を歩く静寂の時間。ラクダに乗って興奮していた心を沈め、息を飲むほど美しい世界に引き込まれていった。

車もない、バイクもない、家もないし、ビルもない。視界が広がった世界は無音で、静寂そのもの。空ってこんなにいっぱいあったんだ、何もない場所はこんなに静かなんだ。

辺りが暗くなるにつれて、砂漠の静けさがどんどん際立ってくる。その日はちょうど満月で、月の光に照らされた砂漠が真っ暗になることはなく、周囲はぼんやりと光って見える。月ってこんなに明るかったんだ。

しばらく上を眺めていると、流れ星が見えた。流れ星が見たかったらしばらく上を眺めていたらいい。必ず見える。

「世界が平和であること。
ここは、とても平和だけどね」

今日の仕事を終えたラクダが、一列に並んで正座していて、時々「ブオーーーー」と恐竜のような声をあげる。なにもないという贅沢な空間。すっかり寒くなったのでテントの中に布団を敷いて、毛布にくるまって寝る。

「俺は砂漠が好きだ。静かだし」

ラクダ使いの若い男性がラクダを優しく撫でながら静かに話した。

「何年くらいガイドやってるの?」

僕が尋ねた。

「俺はガイドじゃない、キャメルマンだ」

ラクダと砂漠を愛する心から、自分はガイドではなくキャメルマンだという強烈な誇りをもっているようで、かっこいい。

そして、こう言った。

「俺は砂漠で生まれたから自分の年齢がよくわかんねえんだよ」

……。え、なんで?

砂漠のオアシス「ケムケム」

砂漠ツアーから帰ってきて、メルズーガに一軒だけある商店「ケムケム」に行ってサンドイッチとヨーグルトを注文した。サンドイッチはモロッコ式の厚いパンに肉や野菜が混ざった具材が挟んであって噛みごたえ十分でおいしい。赤いシロップがかかったヨーグルトも絶品で、甘さと濃厚さが合わさって、これまでの人生で食べたヨーグルトで一番おいしかった。

子どもたちがお小遣いを握りしめながらやってきて、ヨーグルトを食べて笑顔になって帰っていく様子を眺めていると、ケムケムが砂漠の町のオアシス的な役割を担っているように感じられた。

「夢か……。世界が平和であることかな。まあ、ここはとても平和だけどね」

砂漠の目の前にある争いとは無縁そうなこの町で、世界の平和を願う人がいるということに、どこか安心感を覚える。

スナックケムケムのヨーグルトとキャメルマンのラクダ愛が、この平和な町を象徴しているような気がした。

太陽の影響力は無限大

中国の北京で撮影

China
Beijing

ゲストハウスの太陽

「おかえり！　今日はどこへ行っていたの？」

「明日は隣の食堂が休みだから、気をつけてね！」

厚い雲に覆われて一向に晴れることのない北京の街を歩きながら、数日間で４つの世界遺産をめぐった北京での日々。毎日歩き疲れて帰ったゲストハウスで迎えてくれたのは、いつも笑顔で気さくに話しかけてくれた女性スタッフだった。

個人の影響力は、意外なほど大きい。一人のスタッフがいなくなったことでお店の雰囲気が一変してしまうことはよくあることだし、一つの店がなくなってしまったことで街の雰囲気が変化することも珍しくない。彼女は、たった一人でゲストハウスを居心地よくできる太陽のような存在だった。

「シンプルな女性になりたいわ。
あとは、愛がほしいでしょ。
もちろん家族も。あ、仕事もほしいわ」

「夢？　そうねぇ、シンプルな女性になりたいわ」

そう言った後に、笑いながらおどけた様子で「あとは、愛がほしいでしょ。もちろん家族も。あ、仕事もほしいわ。もうなんでも全部ほしい！」

幸せそうに語った彼女は、やっぱり太陽のように眩しい存在だった。

さまざまなゲストハウスに宿泊してきたが、スタッフが明るくて気さくな宿はやっぱり居心地がいい。北京のことを思い出すと、決まってこの女性を思い出す。

弾けるような笑顔で次々と夢を書いていった彼女は、きっと今日も元気に暮らしているだろう。

北京の空はいつも厚い雲に覆われていたけれど、不思議と眩しい光景を思い出すのは、一人の太陽のような女性の影響があったからに他ならない。

100円で受け取れる最も幸福なものは?

ヨルダンの
アンマンで撮影

Jordan
Amman

表と裏

長い旅を続けていると、ふと日本に帰りたくなる時がある。家族や友人たちに会いたくなる時、海外の食事に飽き飽きして日本食が食べたくなる時、旅でトラブルに遭遇した時……。そんな時はふと「ああ、日本に帰りたいなあ」と思うこともあった。

だからといってすぐに帰国することはないのだが、いざとなったら帰りたい時に帰れる場所があるという安心感は、旅を続けられる原動力にもなっていた。

ヨルダンのアンマンを旅していた時のこと。イスラエルからアンマンに戻ってきたばかりの僕は、パレスチナとイスラエルの間にそびえ立つ分離壁のことをよく思い返していた。

自分たちの土地を奪われて、そこに大きな壁を建てられたパレスチナ人。時代に翻弄された末に、当たり前に行き来していたはずの、たった数メートル先へ自由に渡ることができなくなった人がいる。

自分の故郷に自由に帰れなくなるとはどんな気持ちなんだろう?

ある側面から見たら正義の名のもとに起こした行動が、反対の側面から見るとまったく違って見えることはどんな時でも起こりうる。イスラエル側から見た分離壁と、パレスチナ側から見た分離壁は、同じ壁であるはずなのに僕の視点からはハッキリと違って見えたのは、きっとパレスチナ側の壁にだけ描かれた平和を求めるイラストだけが原因ではないはずだ。

帰りたい場所には帰れない

ヨルダンのアンマンでは、ジューススタンドによく通った。暑さも和らいだ夕方に、ジョッキにたっぷりと入った新鮮

「パレスチナに……
自分の故郷に帰りたい」

焼き上がったパンが上から次々と落ちてくるパン屋さん

なフレッシュジュースを飲むのは、たった100円で受け取れる世界で最も幸福な時間といってもよかった。

並べられているフルーツはマンゴー、バナナ、ザクロ、オレンジ、パイナップルと多種多様。もちろん、いろいろと試した。強い太陽に当たって育てられた影響か、どのフルーツも濃厚で乾いた喉にドロっと入ってくる感触は、大げさでなく一日の幸福度を高めてくれる影響力をもっていた。ああ、書いているだけでもう一度飲みたくなる……。

そうして毎日の幸福を受け取るために足繁く通ったジューススタンドの兄ちゃんは、僕の顔を見るなり気さくに声をかけてくるようになった。

アンマンを離れる最終日、ジュースを飲み干した後に兄ちゃんに夢を尋ねた。

兄ちゃんは少し黙って考えた後に、いつもの軽い調子ではなく、静かに言葉を発した。

「パレスチナに帰りたい」

青年は、イスラエルとパレスチナの紛争から故郷のパレスチナを追われ、ヨルダンの首都アンマンで暮らしているパレスチナ難民だった。

自分の国を追われ、居場所を失って異国で暮らし、帰りたい場所に帰ることができないとはどんな心境なんだろう。

「自分の夢は、自分の国に帰ること」

日本で育った僕には世界にはこんな夢があるということを、想像すらしたことがなかった。

照れ臭くなったのか慌てて付け足して書いた「much money（たくさんのお金がほしい）」の文字が、余計に「パレスチナに帰りたい」という夢を生々しくさせた。

命の危険から生還した強い瞳

トルコのカッパドキアで撮影

Turkey
Cappadocia

SAĞLIKLI VE
BARIŞ İÇİNDE
Bir Hayat İstiyorum
Hüseyin Uysal

気球に乗って

トルコのカッパドキアは奇妙な形の岩が点在するトルコ屈指の観光スポットで、たくさんの人が訪れる世界遺産。そんなカッパドキアの奇岩群を、朝焼けに照らされながら気球に乗って上空から眺められるという。これはやってみたい。

朝焼けが広がっていく朝5時半。気球は重力を一切感じさせずに、ふわっとカッパドキアの上空に浮かび上がった。僕が乗った気球以外にもたくさんの気球が上空に浮かび、広い空を埋めていく。

気球を浮かべるための炎を炊くバーナーの音以外は無音に包まれた空の旅。上から見るカッパドキアの奇岩群は圧巻の一言で、朝日を浴びてオレンジ色に染まる世界に心を奪われた。

そんなカッパドキアがあるギョレメの町は、素朴で美しく、現地で出会った人たちも気さくで温厚な方が多かった。町を歩いているとツアー会社の男性に声をかけられたので、チャイをご馳走になりながら話をしていると「レンタルバイクで周辺を回ると良いよ」と教えてもらった。

旅の楽しさを感じさせてくれた一日

翌日、早速バイクを借りて雄大なカッパドキアを風を切って走った。次々と現れる奇岩、まっすぐに伸びる見晴らしのよい長い道、屈託のない笑顔で声をかけてくる少年たち。

「Hello!」

少年たちの甲高い声が聞こえて、バイクの周りに人が群がる。一面に広がる青い空が、段々と夕焼けに照らされてオレンジ色へと変化していき、生ぬるかった風がどこか心地よい風へと変わっていった。

旅の楽しさを感じさせてくれた一日に感謝し、レンタルバイクを勧めてくれた男性にお礼を伝えた。

「無事でよかったよ。楽しかった?」

そう言って変わらない笑顔で迎えてくれた男性に夢を尋ねた。

「私は大きな病気になったことがある。その時に健康の大切さを知ったんだ。自分も家族も健康で平和に暮らしたい」

命の危険もあるような大きな病気を患うことで知った健康の尊さ。今こうやって働く場に戻ってこれるとは、あの時は思わなかったと言う。

「健康があってこそ、未来を見られるし、楽しく過ごせる。自分だけじゃなく、家族も同じように健康に過ごしてほしい。そして、一緒に楽しく過ごせる時間に感謝したい」

そう話す男性の瞳は、とても力強かった。

「大きな病気になった時に
健康の大切さを知ったんだ。
自分も家族も健康で
平和に暮らしたいよ」

初めての海外がバイクで世界一周

アルゼンチンのエル・カラファテで撮影

Columbia
明日のドキドキや
ワクワクを
見つける!!!
バイク釣り人
さとうひろお

Argentina
El Calafate

バイクで世界一周の旅

世界を旅する方法はさまざまで、スーツケースで行く旅もあれば、バックパックを背負う旅もある。バイクで世界を旅しているライダーもいれば、自転車で旅をするチャリダー、徒歩で中国を横断していた徒歩ダーにも出会った。

長い旅から帰ると短期バイトをしてお金が貯まるとすぐにまた長い旅に出る人もいれば、初めての海外が世界一周という人もいた。

旅のスタイルはさまざま。誰かに旅をしろと命令されるわけではないから、自分が一番やりたいことを、やりたいようにやればいい。やって楽しくなかったら帰ればいいし、楽しければもうちょっと先まで続けてみればいい。

「明日のワクワクやドキドキを見つけて毎日を生きていたい」

そういう日々がつながって、日本から見て地球の裏側に位置する南米チリで、世界をバイクで巡る旅人ヒロオ君と出会った。

トラブルは尽きないけど……

ヒロオ君は、初めての海外が世界をバイクで巡る旅で、アメリカ本土からアラスカまでバイクで走り、そこからアメリカ大陸を南下して世界最南端の町ウシュアイアを目指していた。

釣りが趣味なこともあって、バイクには釣り竿が積んであって、途中で魚がいそうな湖や川があればバイクを止め、魚を釣る。アルゼンチンのパタゴニア地方にあるエル・カラファテで宿が一緒になった時も「釣りに行ってくる」と言って、本当に魚を釣って帰ってきた。旅の途中は日本では見たこともないような魚を釣ることもあったらしく、酒を飲んで酔うといつも「アマゾンへ行って釣りをするんだ」と話していた。

テントを張って、お酒を飲んで、料理を作る。順調に進む日もあれば、トラブルに巻き込まれることもある。

チリのビーニャ・デル・マルで初めてヒロオ君に会って夢を尋ねた時は「俺はいいよ」と断られたが、アルゼンチンのエル・カラファテで再会し、彼がバイクをメンテナンスしている時に写真を撮らせてもらった。

「明日のワクワクやドキドキを見つけたい」

トラブル続きのバイク旅の中で、未舗装の道路に悩まされたり賄賂を要求されたり、何度も旅を諦めそうになったことはあったけど、進みたいと思ったらバイクに乗り、釣りをしたいと思ったら釣りをする。そんな自由なバイク旅は、彼にはとても合った旅のスタイルだったのだろう。

旅を終え、ヒロオ君は今なにを思い、どんなワクワクを見つけているのだろう。久しぶりに彼の話を聞いてみたくなった。

ヒジャーブから覗く愛らしい笑顔

エジプトのギザで撮影

Egypt
Giza

ピラミッド散策の帰り道

エジプトに住んでいる女性の多くは、宗教上の理由からヒジャーブと呼ばれるスカーフをつけ、顔や手以外の肌の露出を避けている。女性が街を一人歩きすることを避けるため、外出は女性同士か、夫を含めた家族連れの場合がほとんど。僕みたいな異国の男性にも積極的に話しかけてくるエジプト人男性に対し、女性はあまり知らない人と話そうとはしない。

ピラミッドを散策した帰りに「お茶でも飲んで行きなよ！」と男性に声をかけられたのでついて行くと、家族経営で香水を売っているお店だった。男性が4人と女性が2人いて、突然の来客ながら歓迎してくれた。

男性たちに夢を聞いて撮影した後に、女性にも夢を聞きたくなったのだが、ここはイスラム世界。女性の写真を撮影するハードルはなかなか高いし、気安く僕が話しかけていいのかも悩ましい。そんなことを考えていると、その場にいた男性が「君もやってみなよ！」と、女性たちに声をかけてくれた。

そのうちの一人が彼女。同意してくれたことにお礼を伝えると、とてもかわいい笑顔を浮かべながらペンを走らせてくれた。

「結婚したい」と話してくれた彼女に「どんな結婚生活を送りたいですか？」と質問すると、**「家族を大切にしたい」**と愛らしい表情で微笑んだ。

照れくさそうに結婚願望を話す姿は、とても活き活きしている。それは、ヒジャーブという布で顔と手以外を隠しているイスラムの女性も同じで、喜々として話すその姿はとてもかわいらしかった。

「結婚したいです。
家族を大切にして暮らしたいんです」

日本語ガイド

日本に学びに
行くこと

世界平和
争いのない世界

旅する本との出会い

本を読むことが好きだ。僕が長い旅に出ようと思い立った背景には、本の存在がある。星野道夫、石川直樹、藤代冥砂、近藤篤、小林紀晴……。写真家が旅について書いた文章を読むことが好きだった。

それは長い旅の間も同じ。揺れるバスの車内、小汚いゲストハウスのベッドの上、目の前に海が見えるテラス……。出発前に散々吟味した2冊の文庫本は、異国を旅する僕に安心感を与え、次の目的地へと導いてくれた。

長い旅を続けていると、やはり2冊の本では物足りなくなる。旅先で出会った旅行者同士で読み終わった本を交換することはよくあることで、日本で吟味して選んだ本を、別の旅人が持っていた本と交換する。僕は新しい本を手に入れ、新しい文字を読み、新しい知識を得る。世界各地でそのサイクルは繰り返されていく。

つまりは、旅行者と同じように、本も旅をしているわけだ。

ハンガリーのブダペスト、トルコのイスタンブール以来、これが3度目の再会となったモミ君と、ヨルダンのアンマンで1冊の本を交換した。

僕は他の旅人からもらって読み終わっていた本を渡し、モミ君からはジョージ・オーウェルの『一九八四年』をもらった。本をパラパラとめくると、文字にはところどころ線が引いてあった。「モミ君、この文章のどこに惹かれたのかな……」なんてことをぼんやりと考えながら、アンマンの薄暗い部屋のベッドの上で、静かに本を読んだ。

月日が流れ、僕はジョージ・オーウェルの『一九八四年』をケニアのナイロビで別の旅人に渡し、代わりに新しい本を手に入れた。いつもの流れで、なんとなく、当たり前のように本を交換した。

　アフリカ大陸を旅してモロッコにたどり着いた僕は、ジブラルタル海峡を渡ってスペインに入国。アフリカでは野生動物を堪能し、モロッコではサハラ砂漠の静けさに感銘し、スペインではおいしい食事に心が躍った。そして、スペインから大西洋を渡って南米大陸へ向かった。


　それから7ヵ月後、僕はガラパゴス諸島のイザベラ島にいた。数人の仲間と宿の部屋をシェアしながら、一緒にガラパゴス各地を旅した。丘を登れば人と同程度の大きさに育った野生のカメが森の中で生息していたり、海に入るとアシカが遊びに寄ってきてくれる、そんな非日常を味わえる島々だった。

　ガラパゴスの旅が終盤に入り、ベッドの上で休憩していた時のこと。

　ふと、横を見ると、同じ部屋で宿泊していたシンジ君が、数冊の本を広げていた。その中に『一九八四年』があった。

「僕も以前にモミ君と『一九八四年』を交換したんだよね」

　シンジ君にそう伝えた。

　シンジ君もトルコでモミ君と出会っていて、偶然にも数日前にモミ君の話を二人でしたばかりだった。旅で出会った仲間のネットワークは、意外と狭い。出会った人に共通の友人がいることなんて、まったく珍しいことではなかった。

「あ、そうなんだ。ちなみにこの『一九八四年』にはたくさんの線が引かれてあるよ」

　線？　耳を疑った。同時に「やはり」という確信があった。ジョージ・オーウェルの『一九八四年』にたくさんの線が引かれてある、そんな偶然がそうそうあるはずがない。

　シンジ君から受け取った本をパラパラめくるたびに、心臓の音が高鳴っていったと思ったのも束の間、急に頭に水をかけられたように冷静になっていく不思議な感覚をもった。

　そう、その本は、紛れもなく7ヵ月前に自分が共に旅をしていた本だった。

この本はモミ君から僕へ、そして他の誰かへ、そんなことを繰り返しながら現在ガラパゴス諸島でシンジ君の手の中にある。7ヵ月間、いや、もっと長い間、誰かのバックパックの中で、うだるように暑い中東やアフリカの大地を巡り、大西洋を渡って南米にやってきて、そしてガラパゴス諸島まで旅してきたのだ。

このタイミングでこの場所にいなかったら、出会うことがなかっただろうと思うことがある。

それは、今後ずっと付き合っていく人との出会いなのかもしれないし、そこに行きさえすればなにか幸せな気持ちになれる場所との出会いなのかもしれない。驚き溢れる景色や、人生を前向きにさせてくれる本や音楽と出会うことも旅先では珍しくなかった。普段は何気なく通り過ぎていく出会いが、旅の間はより鮮明で印象的になる。今でも、目をつぶればあの旅での出会いを思い出し、ふっと力が抜ける。

「旅は至高の出会い系だ」と言っていた旅人がいた。

あの人、今どこでなにをしているのかな。

あの本、今はどんな人と旅を続けているのだろう。

あの場所には、今日も変わらずいつもの仲間が集まっているのかな。

出会ったことで、想像することができる。そしてまた、会いに行くことができる。僕はまた、会いに行きたい。

ガラパゴスでシンジ君から「この本、あげようか?」と言ってもらったが、迷った末に断ることにした。この『一九八四年』は、僕と一緒に日本に帰って本棚に飾られるより、誰かと共に世界を旅したほうがいいように思えたから。

今も『一九八四年』は世界のどこかを旅しているのだろうか。そうであってほしい。そんなことを、今日もふと考える。

旅の前はいつも憂鬱になる

1年半ほど旅をしていたという話になると「旅が好きなんですね」と言われることがある。そんな時は決まって「ええ、まあ」と適当に相槌を打つのだが、果たして僕は本当に旅が好きなのだろうかと考えることがある。

「いやいや、そんなに旅しているんだから好きなんでしょ」と言われても、どうにもピンとこないというのが素直な感想で、けっこう面倒な性格なわけだ。

どうしてそんな風に思うのかといえば、旅の前はいつも憂鬱になるから。

「明日から台湾に行く、パリに行く、キューバに行く……」そんな時は、いつも憂鬱な気持ちになる。行きたくないとすら思う。理由はハッキリしていて、旅に出ることで日常に比べて精神的にも肉体的にも、過酷な環境に身をおくことがわかっているから。要は不安だし面倒なんだろう。

まず、狭い飛行機に何時間も乗ることを想像しただけで気分が滅入ってくる。無事に現地の空港へ着いたと思えば、バックパッカーをしてきた経験から、できるだけボラれたくないなと考えてしまう癖がついていることもあって、客引きと値段交渉することになる。

訳のわからない提案をしてくる客引きに混乱させられながら、疲れた頭をフル回転させ、頭も体も非常に消耗する。

ようやくホテルに腰を落ち着けたかと思えば、あそこへ行きたいと思いついてしまって、またどこかへ移動。アジアやアフリカの乗り合いバスでは、体幹トレーニングになるようなガタガタと揺れる道を走ることもあるし、食事では水分を吸い過ぎてふにゃふにゃになった麺を食べなければいけないこともある。山に登れば寒い夜を何度も過ごし、お腹を壊しながらもハアハアと息を荒げ、特に何があるわけでもない頂を目指して歩き続けることになる……。

それも全て自分が選択したことなので、やらなきゃいいじゃんと言われればそれまでなんだけど、そんな選択をしてしまう自分がいたりする。ああ、恨めしい。旅なんて行きたくない。

早く帰ってベッドに寝転がりながらパソコンを開き、なにも考えずに過ごしていたい。暖かい部屋、肌触りのよい毛布、おいしい食事。こんな幸せな空間から外へ出る理由なんてどこにあるのだろう、といつも考えながら、それでも旅を続けていく。こんな気持ち、わかる人はいるだろうか？

それでも、旅に出たいという欲求が生まれてくるのはなぜだろうと考えてみると、自分が見たことのない景色や暮らしや人々を、自分の肌で感じてみたいからなんだろう。寒くて息苦しい山の上から見る景色は美しいだろうな。自分が見たこともない暮らしや文化を目の当たりにするとびっくりするだろうな。知らない食べ物を食べると、ワクワクするだろうな……。

まだ見ぬ世界が驚き溢れる光景で、ヒリヒリするような高揚感を得られることも、憂鬱な気持ちになることと同じくらいにわかっている。憂鬱な時間があったとしても、自分がまだ見たことのない世界に出会いたい。それに触れた瞬間の喜びは、全てをチャラにするとまでは言わないけれど、また旅に行こうと思うには充分な感動があるから。

知らないものを知りたい、ここではない場所に行ってみたいというのは、人の根源的な欲求なのかもしれない。憂鬱な前日の夜を乗り越えて、僕はまた次の旅に出るんだろう。

РУССКИ
салим
JEANS DIVERSITY

PREEYA

100 Mix Freq Q / Level Volume
STEREO
OUTPUT

"一生遊ぶ！"
平田由貴子
From Brasil

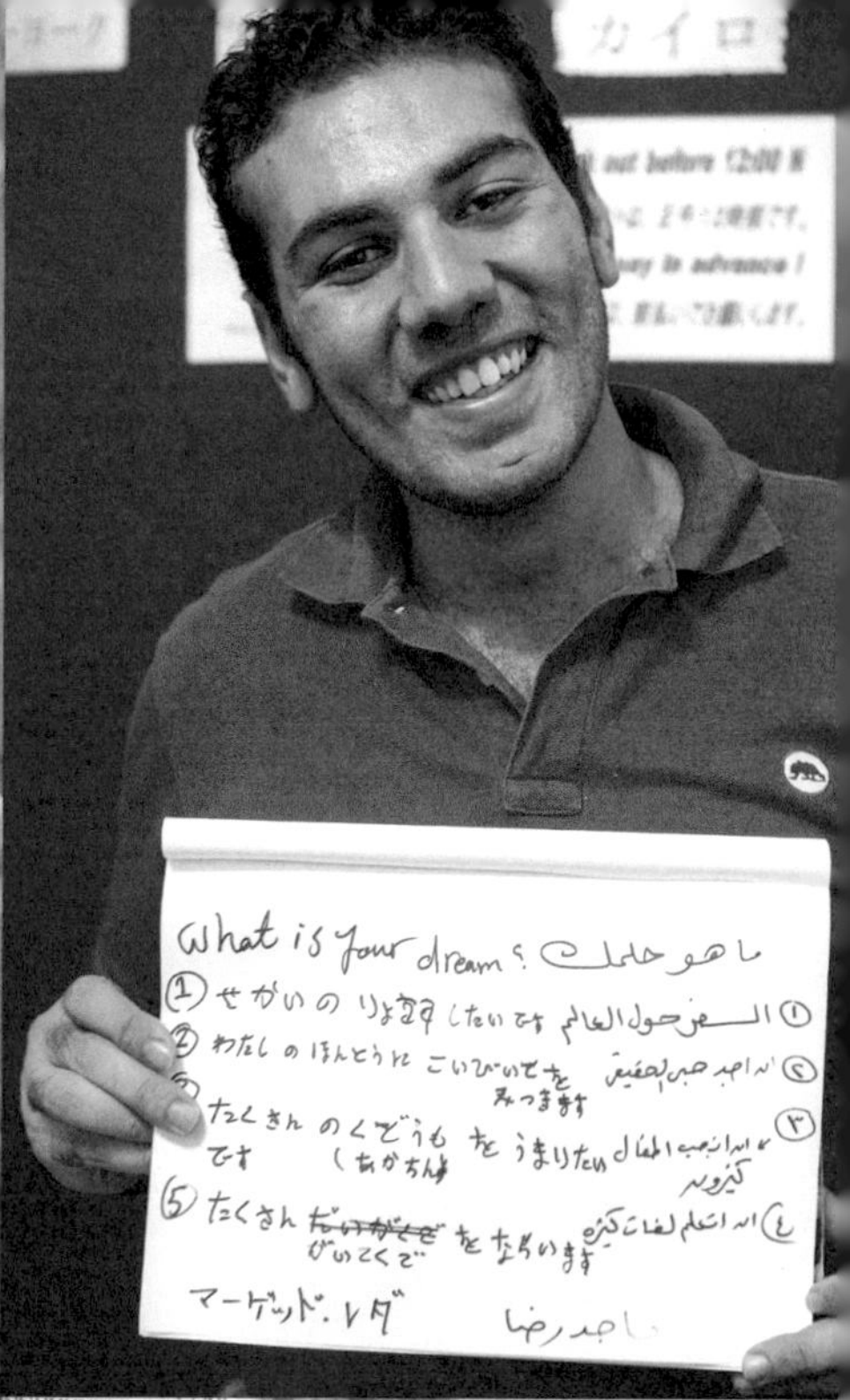
What is your dream? ما هو حلمك
マーゲッド・レダ

祝您们在中国旅游
愉快 祝我们中日文化
交流永远发展中日人民
永远友好

Wicked!
great trip
scenery
fantastic food
Muy Bueno!
a mayor parte del
haciendo MUSICA.
Angel

「ちょっと恥ずかしいな……。
優秀なガイドになることかな」

「兄のように、
日本に住んで学びたいです」

「大学を卒業して、
イタリアにいる友人に会いに行きたい」

「このお店にもっと
お客さんが来てほしい。
そして日本に遊びに行きたいわ」

「世界旅行をしたい。恋人を見つける。
たくさんの赤ちゃんがほしい。
外国語をたくさん学びたい」

「私らしく、
人生を遊びながら暮らしたい」

「旅するミュージシャンになりたい。
名前は、エンジェルだな」

「日本と中国が仲良くできること。
今も、私たちとあなたがこうやって
交流できていることがうれしいよ」

Great

リッチってなに？

ケニアのナイロビで撮影

Kenya
Nairobi

あなたはリッチですか？

「結婚して、家をもって、リッチになって、今よりもっといい暮らしをしたい」

ケニア人の男性ディクソンが答えてくれた。ふむ。リッチって、どんな状態なんだろう？　ケニアでそう考えるようになった出来事と遭遇した。

アフリカのケニアからタンザニアとの国境であるマサイマラ国立公園への移動は、大きな四輪駆動のバンだった。たまたま宿で出会った旅人たちとツアーを組み、動物の王国マサイマラ国立公園へサファリをすることになった。

遮るものがない広い空と、圧倒的に広がった草原地帯。この地は日本や欧米諸国に比べて経済的な豊かさはないかもしれないけれど、代わりに有り余るくらいの豊かな自然や動物が生息している。

ケニアの首都ナイロビの旧市街から、マサイマラ国立公園までは車で6時間ほどの移動。何度かのトイレ休憩をはさみながら、車は順調に進んでいった。

数時間経った頃に、ドライバーから最後の休憩ポイントだと伝えられ、車は止まった。長い時間車に揺られていたため、体を伸ばしてゆっくりしたくなって、僕は車を降りた。

トイレをさっとすませた後に、地面に腰をおろしながら、ぼんやりと通行人を眺めていた。そこには、耳に大きな穴が空いて耳たぶが伸び切っている現地の男性や、カラフルな民族衣装を身にまとった女性がいて、眺めていて飽きない。こんな時に、ふと旅をしていることを実感する。

気分よく人々の行き来を眺めていると、ふとTシャツに短パン姿の黒人男性が僕の隣に座って声をかけてきた。

「どこから来たんだ？」

「結婚して、家をもって、
リッチになって、
今よりもっと
いい暮らしをしたい」

面倒なことに巻き込まれないように若干の警戒心をもちつつ男性と話を続けると、Tシャツ姿の男性は自分のことをマサイ族だと話した。マサイ族といえば真っ赤な民族衣装に身を包んでいるものだと思っていたので、こんなラフな格好をしたマサイ族がいることに驚いた。よく考えたら当然といえば当然なのだが、マサイ族にもいろいろな暮らしがあるのだ。

「おまえはリッチなのか？」

マサイ族の男性は、唐突にそう聞いてきた。そんな単刀直入な質問は、とても困る。

日本で暮らしているぶんには自分がお金持ちだと思ったことなんてないが、海外を旅していると、日本の豊かさを実感する機会はいくらでもある。実際、きっとこの男性よりもお金はあるような気がする。だから、この男性の感覚でいえばきっと金持ちなんだろうけど、「そうだよ、リッチだよ」と言う気にはならない。

そんなことをグルグルと瞬間的に考えた結果、「わからない。日本では特にリッチなわけでも、貧しいわけでもない」と答えた。

男性は納得していなさそうな顔で、質問を続けてきた。

「How many ※※※ do you have？」

ん？　なんて？

「wifes !!」

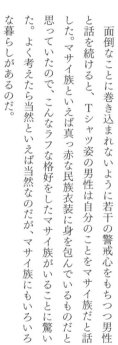

ワイフ!!　妻は何人いるの？　と聞かれたみたい。ワオ！

一夫多妻制があるマサイ族ならではの質問に、思わず苦笑いし、高揚した。そんな質問があるのだ、すごいすごい。これこそ自分の常識の外の世界だ、と妙に興奮した。

「How many ※※※ do you have ?」

妙に興奮している僕に、男性は続けて質問をした。すると、またしても肝心の部分が予想外の単語だったので自信がもてなくなり、僕は再び聞き返した。

「cows !!」

カウズ!!　牛を何頭持っているんだ？　と聞かれたってこと？

ワオワオ！

牛が財産であり、一夫多妻制のマサイ族にとって、牛を何頭持っているかや妻が何人いるのかこそが「リッチ」かどうかを判断する基準なのだ。

牛は持っていないんだよ、と答えると、男性は「ゼロ？」と、ため息をつきながら首を振った。

「Your are not rich（おまえはリッチじゃないな）」

男性はそう言って、僕のもとを去っていった。

ひどく興奮した。この時ほど自分が旅をしていると実感したことはなかったかもしれない。

今いる場所が世界の全てではない

僕が旅をして学んだことの一つに、「場所や文化や歴史が変わると、常識ってこんなに違うんだ」ということだった。

「rich」という単語から当時の僕はお金を自然と想像したけれど、マサイ族の男性は「妻」や「牛」を想像した。きっと世界にはもっと多くの「rich」の形があって、そんなことを想像しただけで気分が軽くなる。

自分の感覚の外側にあるものを理解し、受け入れる視点をもてるようになったことは、僕にとってとても大きな出来事だった。

加えて、この出来事は僕に強い安心を与えてくれた。なぜなら、今いる場所で受け入れられなくなったとしても、他の場所では受け入れられることなんていくらでもあると気づくことができたから。

日本で暮らしていると「こうあるべき」や「こうしなければいけない」という同調圧力が強くあって、他の人と合わせることを自然と求められることがある。子どもなら尚更で、今いる場所で受け入れられなくなると、世界の全てから受け入れられていないと錯覚してしまうことだってあるかもしれない。

学生時代がいい例で、校内の一部のグループから嫌われたからといって、校内には他にもグループがあるし、校外に出ればもっと多くのグループがあるし、もっともっと視点を広げれば自分の居場所になり得るグループなんて無限にある。

どこかで上手くいかなかったとしても、きっと自分を認めてくれる場所は他にもあるはずだ。

そんな当たり前の事実を実感をもって知れたことで、強い安心感を与えてもらったような気がした。

今いる場所が世界の全てではないし、今いる場所の感覚が世界の全てではない。

きっとこの事実は、いつか僕や僕の家族を救ってくれるような気がしている。

世界一の道を運転する絶景案内人

エベレストBCで撮影

Everest
Base Camp

自分にとっての絶対的な存在

世界を旅して「最もかっこよかった建造物は?」と尋ねられたら、迷わずにラサの「ポタラ宮」と答える。ポタラ宮は、チベット仏教の最高指導者であるダライ・ラマの、かつての宮殿だ。

真っ青な空に浮かんでいるかのように見える臙脂色《えんじいろ》と白色のコントラストや、崖の上に立つ様は、どこから見てもかっこいい。

そんなポタラ宮だが、「かつての」ということからも想像できるように、現在ダライ・ラマは住んでいない。なぜなら、ダライ・ラマは中国共産党の厳しい締付けにより、チベットでは安全に生きることができなくなって、インドに亡命したから。

現在のラサでは、市民がダライ・ラマの写真を持っているだけで、公安に逮捕されてしまう。その影響から、当然町の中でダライ・ラマの姿を見ることはない。

とはいえ、現在もチベット人たちの心に、ダライ・ラマとポタラ宮が絶対的な存在としてあり続けていることは、祈りを捧げるチベット人たちを見ながら町を歩いているだけですぐにわかる。

自分が信じたいこと、自分にとっての生きがい、自分にとっての絶対的な存在を禁止されるとは、一体どんな気持ちなのだろう……。

「夢？　そんなのないよ。
でもいつか、ダライ・ラマ法王が住む
インドに行ってみたいな」

ヒマラヤ超えのドライブ

ラサから標高5150メートルにあるエベレストのベースキャンプを経由し、ネパールまで進む8日間は、4WD車での移動だった。厳しい規制からガイドとドライバーがいないと移動できないこともあって、中国の成都で仲間を募り、日本人4人で8日間を共に旅した。

移動中は8000メートル級のヒマラヤ山脈を巡る絶景の連続で、今まで旅してきた中でも一番美しい道だった。

休憩のたびにジャンケンで前の席を奪い合い、幸運にも勝って前の席に座れると、、信じられないような景色を目の前にすることができる。馬車が走っていたり、ヤクの大群が道を塞いだり、手が届きそうな距離に空があるように感じたり。

そんな助手席の隣でずっと運転をし続けてくれたのが、ドライバーの男性だった。

6日目にようやくエベレストのベースキャンプに到着し、目の前にそびえ立つエベレストに興奮したのも束の間、酸素が体内に回らず頭痛とめまいを感じた僕は、砂糖がたっぷりと入った甘ったるいチャイを飲んだ。

安息の場であるテントの中でチベット人男性たちが談笑しているのをぼんやり眺めていると、前歯の欠けた愛嬌のあるドライバー男性と目が合ったので、チベットの食事や暮らしについて話を聞いた。愛嬌のある笑顔で答えてくれるこのドライバーに、さらにもう一つと「夢」を尋ねた。

「夢？　そんなの、ないよ」

ガハハと笑う表情に惹かれてじっと眺めていると、一瞬の沈黙の後に彼は「**いつか、ダライ・ラマ法王が住むインドに行ってみたいな**」と、ぼそりとつぶやいた。

どうしてそんなに優しいの?

トルコのイスタンブールで撮影

Turkey
Istanbul

リンゴ風味のチャイ

イスタンブールの名所・ブルーモスクを眺められる公園でぼんやりと過ごしていると、男性がチャイを売りに来た。温かい笑顔と穏やかな雰囲気に好感をもって、チャイを買って飲んだ。リンゴの風味が香る甘いチャイが夕方の空気と合わさって、格別においしい。

それから数日間、僕は毎日公園に通い、簡単な挨拶をして男性から1杯の甘いチャイを買った。男性も僕のことを覚えてくれたようで、目が合えば手を挙げて笑顔を向けてくれる。働き者の男性が広場を軽快に動き回ってチャイを売っている様子は見ていて飽きなかった。

どうしてそんなに優しいの?

ある日、いつものように座ってチャイを飲みながら、男性が休憩に入ったのを見計らって夢を尋ねた。とはいえ、男

「イスタンブールに来てくれてうれしい。
君の幸せを願っている」

性は英語があまり得意ではなく、なかなか意思疎通ができない。お互い顔を見合わせながら困り笑いを浮かべる時間が続いた。それでも、男性はまったく諦めない。長い時間をかけて僕の話を理解し、どうにか自分の溢れる思いを伝えようと、小さなスケッチブックいっぱいに文字を書き始めた。

「イスタンブールへようこそ。イスタンブールには世界中から旅行者が来ます。トルコ人は日本人が大好きです。イスタンブールに来てくれて本当にうれしい。また来てください」

数日間の客と売り手の関係しかない僕たちだが、男性が一生懸命に温かいメッセージを伝えてくれる姿に心が動く。自分自身の心臓の音が聞こえ、体中の体温が上がっていくのがわかった。

見ず知らずの人に親切にすることも、されることにも慣れていない自分。詐欺にあったとか、ぼったくりバーに連れていかれたとか、そういう話を警戒するあまり、人に親切にされた時に、素直に受けていいものか戸惑ってしまう切なさ。

トルコでは、見ず知らずの旅行者に過ぎない僕に対して、友達に接するような優しさをもらえることがたくさんあった。この旅でもらった数え切れない優しさを、自分も誰かに返していきたい。

「イスタンブールに来てくれてうれしい。君の幸せを願っている」

片言の英語でそう伝えてくれた男性。この男性からチャイを買って本当によかった。甘いリンゴの味がじんわりと体に染み渡り、僕の体を温めた。

海？　それだけじゃ金持ちになれないよ

タンザニアの
ザンジバル島で撮影

Tanzania
Zanzibar Island

NATAKA KUWA
MFANYAJI BIASH
ARA YA AINA YOYO
TE ILI MRADI BIASHARA
LENGO LANGU
FANYA BI
E NANDA
YA NCHI NIWE MF
ANYA BIASHARA
MAHARUFU NA
TAJIRI

ぞっとするほど美しいビーチ

アフリカの東側に位置するタンザニア。その本島から2時間半ほど船に乗ると、インド洋に浮かぶ小さな離島ザンジバル島に到着する。

ザンジバル島はその立地上の特性から、ポルトガル、オマーン、イギリスと支配者が変わっていった歴史的な影響を受けてきた。その結果、アフリカ大陸東側では珍しい石造建築の家が並んだストーンタウンという町がある。

ストーンタウンからダラダラという乗り合いバスに乗ると、リゾート感が漂う美しい海に出合える。島の南東にあるジャンビアーニには、ミルキー色の海に白い粘土質の砂浜が広がっていて、ぞっとするほど美しいビーチがあった。

ストーンタウンには漁港や市場もあって、レストランではアフリカ大陸らしくない海の幸を活かした料理が食べられる。ウェイター男性がいつも愛くるしい表情で声をかけてきてくれるのが気に入って、滞在中はあるレストランに通うようになった。イカやタコのフライを格安で食べられるのが魅力で、よく食べた。

「ザンジバル滞在中はどこへ行ったんだ？　海？　そうか、この島には海くらいしかないからな」

「でも、とてもきれいな海だよ」

「そうだな。でも、海だけじゃ金持ちにはなれない」

「金持ちになりたいの？」

「もちろんだ。ビジネスマンとしてレストランをもっと増やして、有名になって、お金をもっとたくさんほしい」

「それで、どうするの？」

「それで……」

青年は、お店をもっと増やして有名になって、たくさんのお金がほしいと何度も繰り返し伝えてくれた。その話を聞いて僕は、「メキシコ人漁師」という有名な寓話を思い出した。

【メキシコ人漁師の話】

メキシコの田舎町の海岸に小さなボートが停泊していた。メキシコ人の漁師が小さな網に魚をとってきた。それを見たアメリカ人旅行者が尋ねた。

「すばらしい魚だね。どれくらいの時間、漁をしていたの？」

漁師は「そんなに長い時間じゃない

「レストランをもっと増やして、
有名になって、
お金をもっとたくさんほしい」

よ」と答えたので、旅行者が「もっと漁をしていたら、もっと魚が獲れたんだろうね。おしいなぁ」と言うと、漁師は「自分と自分の家族が食べるにはこれで十分だ」と言った。

「それじゃあ、あまった時間でいったい何をするの」と旅行者が聞くと、漁師は「日が高くなるまでゆっくり寝て、それから漁に出る。戻ってきたら子どもと遊んで、女房とシエスタして。夜になったら友達と一杯やって、ギターを弾いて、歌をうたって……ああ、これでもう一日終わりだね」と答えた。

すると旅行者はまじめな顔で漁師に向かってこう言った。

「ハーバード・ビジネス・スクールでMBAを取得した人間として、きみにアドバイスしよう。きみは毎日、もっと長い時間、漁をするべきだ。それであまった魚は売る。お金が貯まったら大きな漁船を買う。そうすると漁獲高は上がり、儲けも増える。その儲けで漁船を2隻、3隻と増やしていくんだ。そうしたら仲介人に魚を売るのはやめだ。自前の水産品加工工場を建てて、そこに魚を入れる。その頃にはきみはこのちっぽけな村を出てメキシコシティに引っ越し、ロサンゼルス、ニューヨークへと進出していくだろう。きみはマンハッタンのオフィスビルから企業の指揮をとるんだ」

漁師は尋ねた。

「そうなるまでにどれくらいかかるの?」

「おそらく25年だね」

「それからどうなるの?」

「それから？　その時は本当にすごいことになるよ」と旅行者はにんまりと笑い、「今度は株を売却して、きみは億万長者になるのさ」

「それで?」

「そうしたら引退して、海岸近くの小さな村に住んで、日が高くなるまでゆっくり寝て、日中は釣りをしたり、子どもと遊んだり、奥さんとシエスタして過ごして、夜になったら友達と一杯やって、ギターを弾いて、歌をうたって過ごすんだ。どうだい。すばらしいだろう?」

長い旅に疲れを感じていたこの時期。移動中のバスの車内やベッドの上といったふとした時間に、自分にとっての幸福や満足とは何だろうと考える時間が増えていった。

モアイの島の優しい笑顔

チリのイースター島で撮影

Chile
Easter Island

TO'OKU MOE VARUA, HE HAUMARU
HE RIVA RIVA, TO'OKU TAŊATA HE
RAPA NUI, MATOU E ŊOHO NEI
E HE 'AO TA'ATO'A, HE VAIKAVA
HE HENUA, MANU E HE HERE O
MATOU TA'ATO'A. - HE HAŊA MO MAU
RURU KI TE ŊA REPA NEI O KAPONE E
TU'U MAI ENA MO MATA'ITA'I I TE
ARIŊA
I TE KO'URA TERE HENUA.
MAURURU KIA KORUA
Gem STONE
世界遺産
イースター島
謎の巨大モアイ像を
ビジュアルブック シリーズ
地球の歩き方
Gem STONE
ダイヤモンド社

ラパ・ヌイのモアイ像

「スペイン語とラパ・ヌイ語、どっちで書けばいい?」

「もちろんラパ・ヌイ語で!」

南国の雰囲気が漂う女性が、スラスラとスケッチブック一杯に文字を書いていく。いろいろな国の人が、直接その土地の言語を書く姿を見るのはおもしろい。

ラパ・ヌイとは、モアイ像で有名なイースター島の現地の呼び名で、「大きい島」という意味がある。

イースター島は、最も近い有人島まで2000km以上離れていて、周囲にはほとんど島が存在しないことから、独自の文化が発展した。その最も有名な例が、モアイ像というわけだ。

「ここには世界各国から旅行者がやって来る。ラパ・ヌイの人も、旅行者も、日本の人も、全ての人が幸せになってほしい。世界中が平和になることを祈っています」

イースター島の観光センターで働く女性が、この笑顔によく似合うとてもハッピーな言葉を伝えてくれたことで、イースター島の旅が最高なものになるはずだった……。

トラブル発生

イースター島はチリ本土から西に3500kmも離れていながら、時差が本土と同じ設定なので日の入りと日の出の時間が少々おかしなことになっている。朝8時半に朝日が顔を出し、夜8時半に夕日が沈む。

日本の離島を思わせるようなのんびりとした雰囲気で、これも日本の離島と同じように物価が高い。たまねぎ1個が2ドルもしたのには驚いた。

モアイ像の背後から朝日が登ってくるところを見ようと、レンタカーを借り

「ラパ・ヌイの人も、旅行者も、
日本の人も、全ての人が幸せになってほしい。
世界中が平和になることを祈っています」

て真っ暗な中を出発。日本企業の後援によって復元された15体のモアイのポイントや、モアイを作っていたモアイ工場などを回りながら、自分があのモアイ像の目の前に立っている現実に気持ちが高ぶった。レンタカーで島を回って、ビーチで泳ぎ、夕日を眺めてイースター島を満喫した一日。

レンタカーにガソリンを入れて返すところまでは良かったのだけど……。あれ、車が動かなくなったぞ。

どうやらガソリンスタンドのスタッフがディーゼルを入れてしまったらしく、車を返却する頃には完全に動かなくなってしまった。随分長い時間をかけて事情を説明したけれど、レンタカー側は「借りた状態を保てないのはレンタルした側の責任」の一点張りで、ガソリンスタンドも責任をとらずに、損害賠償を支払うことになってしまった。

その後、大切なカメラが故障したり、友人からもらったお守りが切れたり、不思議と災難が続いていく。うーん……。

長く旅を続けていると「流れ」を感じることがある。ちょっとしたトラブルが続いてしまう場所や、いまいち気持ちが高まらない場所があったと思ったら、国境を跨いだ途端に面白いことが続いたり、人の優しさにふれる機会が増えたり。

イタリアからエジプトに渡った時と、モロッコからスペインに渡った時は、国が変わった途端にハッキリと「流れ」が好転していった感覚があった。

旅も人生と同じように上下の波があって、良い時もあれば、悪い時もあった。

もちろん、イースター島はとても良い場所だったけど、今回はちょっと呼ばれてなかったかな。

おまじないが生んだ悲劇

ネパールのカトマンズで撮影

Nepal
Kathmandu

流暢な発音のネパール人

ネパールの首都カトマンズで驚いたのは、上手な日本語を話す人にたくさん遭遇したこと。「コンニチハ」とカタカナで表記したくなる発音ではなく、完全に「こんにちは」だった。旅行会社を経営しているこの青年も、実は日本人なんじゃないかと思うくらいに流暢な日本語で話していた。

「この旅行会社をお客さんにとって今よりもっと魅力的で満足してもらえる会社にしたい」

この言葉は一言一句そのまま青年が話してくれた文で、こんな難しい日本語を独学で覚えたというからやはり驚きだ。そんな青年の「絶対に行ったほうがいい」という言葉に乗せられてチトワン国立公園へ行った。ゾウとの交流を楽しんだ後に、次の目的地であるポカラへと向かったのだが、そこで不思議な出来事と出合うことになった。

裸姿の男性がバスに落書き

突然だけど、おまじないって信じるだろうか？「痛いの痛いのとんでけ」や「てるてる坊主」なんかは、きっと誰もが通ってきたおまじないだろう。

スポーツ業界でも、ジェイソン・キッドというNBAを代表する選手がいたのだけど、彼はフリースローを打つ時に決まっていつもリングに向かって投げキスをしてからシュートを打っていた。入れよ、みたいなおまじないだと思うけど、この投げキスは愛する妻へ向けたジンクスらしい。サッカーでも、ゴールを決めた選手がよく左手の薬指にキスをしているから、きっとそれと同じようなもの。

ちなみにジェイソン・キッドは、その後、愛する妻と離婚してしまってフ

「お客さんにとって今よりもっと魅力的で満足してもらえる旅行会社にしたい」

リースローの前に投げキスをしなくなったみたい。切な過ぎる。

おまじないに話を戻そう。

ネパール国内ではバスに乗っていると、車両の前や横部分に、絵の具のようなもので模様が描かれているのを目にする。何だろうなと不思議に思っていたところ、チトワンからポカラへ向かうバスの道中で、それが解決した。

バスが止まって休憩に入ったと思っていたら、運転手のおっちゃんがうれしそうに小走りで外に出ていった。なんだろうなと思って見ていると、上半身裸の男性の手を引いてバスに戻ってきた。

おっちゃん、この裸の男性は大丈夫か？　と思っていたのだけど、運転手のおっちゃんがあまりにうれ

しそうで、そんな野暮なことを言う隙がない。

しばらく様子を見守っていると、その裸の男性が、なにやらバスの車両の前面に絵を描きはじめた。

おまじないの効果は?

おいおい、バスに絵の具を塗っちゃってるよと思って見ていると、運転手のおっちゃんはご満悦の様子でうんうんと頷いている。

近くに座っていた乗客に話を聞くと、「事故に遭わないように」と願掛けした「おまじない」らしい。

前面を描き終わった裸の男性は調子が出てきたのか、絵の具を塗る速度が増していき、車内に入っていった。運転手のおっちゃんは車両の前面に描かれたおまじないに見とれている。

裸の男性は次は何をやるんだろうなと思って車内に戻って見てみると、運転席に入ってハンドルやクラッチを操縦するレバーに、尋常じゃない量の絵の具をべたべたと塗って、車外へ降りていった。

そんなことはまったく知らない運転手のおっちゃんが入れ替わるように運転席に座ってバスを走らせようとハンドルやクラッチのレバーを握ると、そこには尋常じゃない量の絵の具が塗ってあって、手が血だらけになったように真っ赤になっていた。

運転手のおっちゃんはその後、何度も手をぬぐっては自分のズボンでゴシゴシ拭いて、ズボンが血だらけになったような恐ろしい姿になっていった。特殊な絵の具なのか手の汚れも全然とれず、ホラー映画のように赤く染まっていった。

まあ、とりあえず無事にポカラまで着いたので、おまじないの効果はあったんだろう。きっとおっちゃんはそれ以降も事故はしていないはず。真っ赤なズボンと引き換えなら安いもんだ。

国境を超えた先に待っていたのは？

ボリビアのトゥピサで撮影

Bolivia
Tupiza

国境を超えると……

アルゼンチンからボリビアに入国すると、一気に物価が下がった。宿は1泊400円、12時間移動したバスは980円、サラダ食べ放題のチキン定食が160円と目がまん丸になるくらいに安い。

　ボリビアは旅人たちから人気の国で、ウユニ塩湖の鏡張りは忘れられない絶景だし、標高3650メートルにある世界一標高の高い首都ラパスは街歩きが楽しい。トゥピサで馬に乗ってトレッキングをするホーストレッキングや、デスロードと呼ばれるマウンテンバイクで山を駆け下りるアクティビティも格安で楽しめるので、バックパッカーにとっては一度は訪れてみたい国の一つになることが多い。

　国境とは不思議なもので、たった数メートルの距離で文字通り世界が一変する。

　住んでいる人の顔つきや服装、物の値段、人々の接し方……。ヨーロッパに近かったアルゼンチンからボリビアに入国した瞬間から、本当にガラッと雰囲気が変わった。

ボリビアで待っていた光景

　ボリビアでは、道を歩いていると笑顔で話しかけてくる人が増え、愛嬌のある柔和な表情とよく出会った。三つ編みに帽子を被ってスカートを履いた民族衣装のインディヘナの女性が町を歩き、定食にはパサパサの米と大量のスープが出るようになった。

「看護師になって、
生まれ育った
この町で働きたいわ」

ほんの数メートル先の国境を渡るだけで、まったく違う世界に迷い込む感覚。島国の日本にはまったくない体験で、何度経験しても不思議で面白い。

「看護師になって、生まれ育ったこの町で働きたい」

トゥピサの宿で働く女性に話を聞くと、ボリビアの若者を象徴するような柔和な表情で微笑んでくれた。

自分が生まれ育った町で働きたいという感情は、世界共通。トゥピサもそうだけど、僕が今暮らしている町もきっと同じようにその地で生まれ育った人たちが働き、日々を営んでいる。

彼女のまっすぐな瞳から、そんな当たり前のことに気づかされた。

魚を食べることは、
人間を食べることと同じだよ

エベレストBCで撮影

Everest Base Camp

ガイドが来ない

チベットの中心都市であるラサへ行くには、中国の西にある成都から鉄道に乗って44時間かかる。44時間⁉　と驚きたくなる気持ちもわかるけれど、標高500mの成都から、標高4200mのラサへと向かう景色は絶景の連続で、鉄道に揺られた44時間はまったく飽きることがなかった。

ラサからネパールへ抜けるルートはツアーでしか行けないこともあって、ラサの駅に着くとガイドが待っているはずだった。だけど、僕らのグループのガイドだけは迎えに来ておらず、結局1時間半待たされて、今起きたばかりのような顔つきの寝起き兄ちゃんガイドがようやく到着した。

呆れたことに翌日も寝起き兄ちゃんガイドがやって来ないこともあって、ツアー会社と交渉し、翌日からは日本語の話せるおもしろお兄さんがガイドとして来てくれることになった。日本語を話せなくても、おもしろくなくてもいいから、ちゃんと来てほしいよ……。

誠実さと優しさとユーモア

その翌日。10時半の待ち合わせ時間に向けて部屋で準備をしていた10時頃に、部屋をノックする音が聞こえた。

「ボスに9時半と言われていたのに、来ないから部屋まで迎えにきた」と言って立っていたのが、おもしろ兄さんことガイドのツリンさん。

もう遅刻は許されないからとボスが10時半の集合時間を9時半と伝えているところも笑えるが、時間の行き違いにイヤな顔ひとつしないツリンさんからは、ひと目会っただけで信頼できそうな雰囲気が伝わってきた。ツリンさんと出会えたことで、これから標高5000mを超えるエベレストのベースキャンプを経由してネパールまで行く8日間の旅が、一層楽しくなったことは間違いない。

ひたすら揺れ続ける山道を走る4WDの車内でも、決められた祈りを捧げ続けるツリンさん。

「チベット人にとっては、魚を食べることは人間を食べるのと同じね」と教えてくれたり、高山病に苦しむ仲間に水や薬を渡してくれたり。

「富士山は1日10往復できる」と真顔で断言する目も真剣そのもので、輝いてみえる。どのツリンさんにも、誠実さと優しさとユーモアがあった。

いくらラサが4200mにあって、標高3776mある富士山より高い場所で暮らしているとはいえ、さすがに1日10往復はできないでしょと笑って返しても、「できる。私はとても体力があるからできる」と譲らないツリンさん。きっ

「1日10往復するような
富士山のガイドになりたい。
私ならできるよ」

と今日もはるか上空にある美しいあの町で、誰かを温かくガイドしているはずだ。

出会うはずのなかった彼と出会ったことで、今、僕の中にはいくつもの満たされた記憶が残っている。いつかまた、会いに行きたい。

映画好きな方、彼を知りませんか?

中国の北京で撮影

China
Beijing

旅行者が集った夜

北京で泊まった宿は世界中の旅行者が集まるゲストハウス。1泊1000円ちょっとで泊まれながら、広い共有リビングがあって、そこにいると色々な旅人と仲良くなれるような素敵な宿だった。

その日も国内旅行中の中国人を始め、日本、カナダ、フランス、イスラエルと世界中から旅行者が集まり、リビングで語り合っていた。

英語が拙い中国人もいれば、中国語が一切わからないカナダ人や日本人もいるけれど、僕たちには「旅」という共通のテーマがある。言葉は拙いけれど、相手がなにを伝えたいかがなんとなくわかるのが不思議で、居心地のいい時間だった。

そんな時に、バタンと大きな音を立てて扉が閉まる音が聞こえた。大きな音に反応して扉の方を見やると、襟を立てた黒い革ジャンに身を包み、髪の毛をしっかりとセットした青年がゲストハウスに帰ってきたところだった。

口笛を吹きながらソファーに座ったその青年に、世界各地から集まった宿泊者たちの視線が集まる。

大きな動作と共に、自信に満ちたような瞳をした青年が、その日その場所に偶然集まった旅人たちに中国語で話しかけていく。

青年には入ってきた瞬間から皆からの視線を集めるような圧倒的な存在感があった。

扉からソファーに座るまでの立ち振舞いにも華があって、一つ一つの所作が美しい。歩く時にピンと背筋が伸びた姿勢や、大股で歩く姿、ソファに勢いよく座る大きな動作や、話しかける時の眉の動きなど、まるで計算し尽くされているかのように、彼には華があった。

ゲストハウスの共有スペースは、自然と青年を囲むようにして輪ができ上がり、青年を中心に話が展開していった。

「俺は映画監督になる。
それもただの
映画監督じゃなくて、大監督だよ」

「俺は映画監督になる。それもただの映画監督じゃなくて、大監督だよ」

青年は一点の曇りもないようなまっすぐな瞳で話し、白いスケッチブックに大きな文字を書き殴った。自信のある所作は美しい。まるでそれは映画のワンシーンのようで、彼が言うんだから、きっとそうなるんだろうと信じ込んでしまいたくなるくらいに言葉の力があった。

「時間だ。映画を見に行ってくる」

皆が写真を撮り合って楽しそうにしている中で、青年は風のように突然その場を去っていった。

もしかすると、今頃は彼が監督した映画が公開されているかもしれない。そんな期待を抱かせてくれるような青年の夢と出会った。

健康でいること。
そして旅をすること

自由でカラフルな
生活をしたい

幸せ！

ヒッピーのウインクに引き込まれる

ネパールのカトマンズで撮影

Nepal
Kathmandu

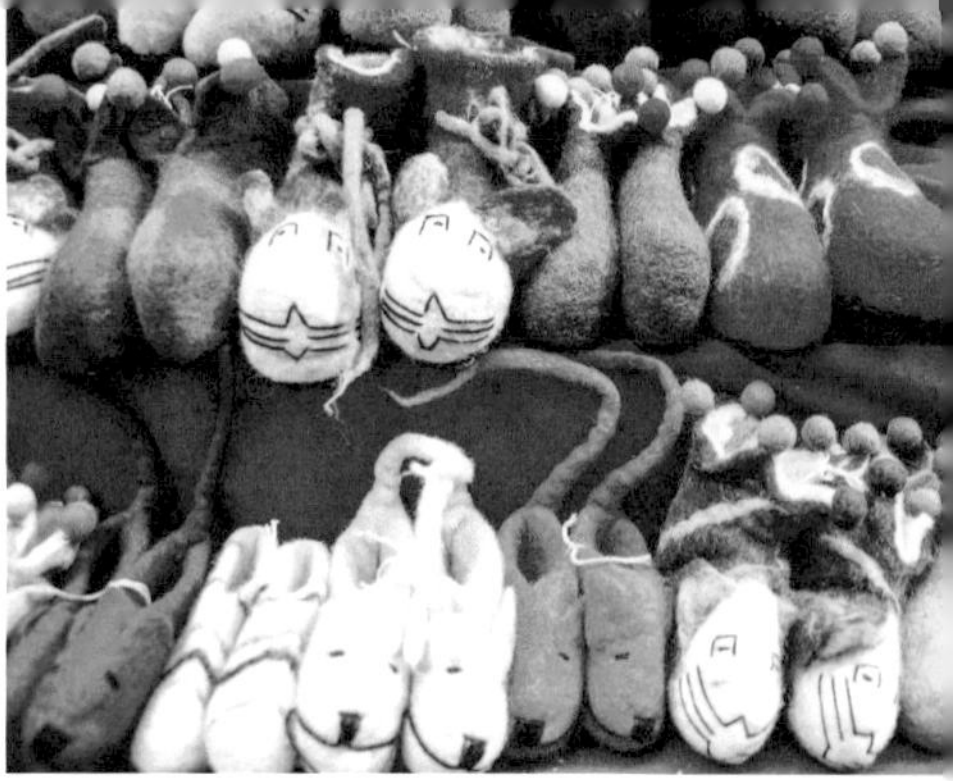

カトマンズの街歩き

チベットからエベレストのベースキャンプを経由してネパールに入国し、ネパールの首都カトマンズに到着した。標高が高くて寒かったチベットから一変、カトマンズは毎日がうだるような暑さで、日中はとてもじゃないけど外を出歩けるような気候じゃなかった。

とはいえ、吸い寄せられるようにフラフラと外を歩いてしまうのは、カトマンズの街歩きが楽しかったから。カラフルな配色の雑貨屋、おいしい日本食屋、安価だけどパチモノばかり扱っているアウトドア用品店と、街を歩いているだけで気分が楽しくなった。

旅人たちが集まるタメル地区には無数のゲストハウスが存在することから、クーラーがあって、ネットが使えて、お湯シャワーが出て、おまけに安い宿を探せと、よりよい条件を求めて、コロコロと宿を代えた。

結局、4軒目でようやく希望に合ったゲストハウスと巡り会えたので、腰を落ち着け

「僕は地球環境や自然保護の活動をして、その現実や対策を伝えていく活動をしてきたんだ。これこそが自分の使命であり、夢だよ」

た。そのゲストハウスの部屋には大きな窓があって、その窓から現地の人々の暮らしを感じられるのが気に入った。

チャイとウインク

宿には共有のリビングがあって、1杯たった20円のチャイを飲むことができるのも魅力の一つだった。

スパイスの効いた甘ったるいチャイを飲んでいると、長髪と長いヒゲが一体となったヒッピー風の青年と目が合った。人懐こい笑顔を向けながらウインクをしている。僕が笑顔を返すと、ヒッピー風の青年は、僕の目の前に座って一緒に話をすることになった。

「僕の夢は、僕の活動そのものだよ。どんな活動かって？　今、地球は恐ろしいスピードで壊れている。知ってるだろ？ ここネパールでもそれは同じだ。僕は地球環境や自然保護の活動をして、その現実や対策を多くの人に伝えていく活動を6年間行ってきたんだ。これこそが自分の使命であり、夢そのものなんだよ」

僕がヒッピー風の男性に夢を尋ねると、子どもが夢を語るような笑顔で力強く話してくれた。

彼は次の予定があると言って、あっという間にその場を立ち去ってしまい、それ以降は二度とこの宿で出会うことはなかった。一体彼は何者だったのだろう……。

カトマンズでは路上にゴミが散らばっていたり、車やバイクの排気ガスがひどかったりと、地球の環境問題なんてまるで関心がないかと思っていたけれど、この場所にもそれを使命だと感じて行動している人がいた。その存在を何だかとても頼もしく感じた。

ブラジルにあった故郷

ブラジルのサンパウロで撮影

Brazil
Sao Paulo

リオのカーニバルの熱狂

ブラジルと言えば、なにを思い浮かべるだろうか？　王国と呼ばれるサッカー、世界一有名なお祭りであるリオのカーニバル、コパカバーナの海……？　僕はブラジルでそれらを経験したけれど、真っ先に思い浮かぶのは、底抜けに明るい人々のエネルギーだった。

サンパウロにはリベルタージという世界一の規模を誇る東洋人街があり、市内には１００万人以上の日系人の方が住んでいる。

世界一の規模と言われるだけあって、赤ちょうちんをぶら下げた居酒屋、豊富な日本食を揃えたスーパー、ラーメン屋、たこ焼き屋となんでもあって、街を歩けば日本の商店街を思い出させてくれる。まったく何もない状態から、先人たちが本当によくここまでひとつの街を育て上げたと感服させられる。

そんなリベルタージにある「津軽」という居酒屋にはサンパウロ滞在中に足繁く通い、皿うどん、ちゃんぽん、枝豆など日本食をたらふく食べさせてもらった。常連さんにも歓迎してもらい、日本人としてサンパウロで住む楽しさと大変さを教えてもらったのはうれしい思い出だ。

「私を知っている人がブラジルまで来てくれた」

サンパウロでの滞在中、個人的にこの旅の中でも特に印象深かった出来事があった。それは、小・中学校の同級生とブラジルで再会できたこと。

彼女との出会いは小学生の頃。ブラジルに住んでいた彼女が、日本語もわからないまま僕が通っていた小学校に転入してきた。日本語を覚え、中学、高校を経て22歳までを日本で過ごし、それからブラジルに帰国して、現在はママになってブラジルで働いている。そんな噂を聞いていたので、共通の友人を通じて連絡をとってみると、サンパウロで会おうという流れになった。

実は彼女とは同じクラスになったことは一度もなく、ほとんど話をした記憶もない。だけど同じ場所で同じ時間を過ごして育ったあの子が、ブラジルで何を思い、どんな暮らしをしているのかを直接会って話してみたくなった。

待ち合わせ場所の「津軽」にやってき

「息子が幸せに暮らす。
それが、今の私が
一番望むこと」

た彼女は満面の笑顔を向けて再会を喜んでくれた。彼女は当時の面影を残しつつも、ビジネススーツを着ていた影響か、随分と大人びた印象を抱かせた。

学生時代はほとんど話したこともなかったけれど、同じ時間に、同じ場所で過ごした経験は二人に不思議な安心感を与え、彼女と過ごした時間はとても心地よかった。

彼女がブラジルに戻り、ブラジルという国で生活をすることに幸せを感じていることを知り、うれしくなった。

彼女があの頃はまったく話せなかった日本語を使って、バリバリと働いていることにうれしくなった。

彼女がブラジルに戻り、愛する息子の幸せを願いながら暮らしていることを知り、うれしくなった。

彼女が目を潤ませながら僕に伝えてくれた言葉が今も強烈に心に残っている。

「まさかブラジルに同級生が遊びに来てくれる日がくるとは思わなかった。私は今、本当にうれしいんだよ。私を知っている人がブラジルまで来てくれて、私っていう存在を覚えてくれていたことが、本当にうれしいんだよ」

彼女と日本で最後に会ってから10年以上の時が経っていたけれど、潤んだ瞳をしたその表情には小学校時代の面影がはっきりと残っていた。ブラジルを訪れて本当によかった。彼女の瞳を見て、そう思った。

ツボとハナの衝動買い

台湾の地に立った時、ひとつの壺を思い出した。

ずいぶん前の話になるが、父と兄の二人だけで台湾へ旅行に行ったことがあった。兄が大学生の頃の父と長男の大人二人旅。家族にとっては最初で最後の父と子の二人旅だった。

二人が旅した理由は、きっと父が台湾に行きたいと言い出して、大学生だった兄がそれに付き合った形だったのだと思う。当時僕はまだ高校生で、学校や部活を休むことができずに行けなかった。

そんな二人の旅は、お茶屋を巡ったり、故宮博物館へ行ったりと、ほのぼのとした良い旅だったらしい。父が僕よりも大きな背丈の壺を買ったことを除いては……。

普段、買い物が好きというわけでもなく、洋服やカバンにお金をかけることがない父だが、5年に1回ほどの割合で、家族がアっと驚くような買い物をするのが我が家の名物となっていた。久しぶりにその名物が現れたと思ったのが、この壺だった。なんと高さが僕の身長よりも高く、重量も僕より重い。

それってもうツボの役割を果たしてないよ？

花とか入れても、ちっとも顔を出さないよ？

水をいれたら最後、一生水を抜けないよ？

そもそもいくらなの、これ？

輸送費のほうが壺よりも高いんじゃない？

そんな疑問はいくらでも出てきたが、父が自分で稼いだお金で、大満足な表情をして買ってきたのだから仕方がない。その壺は、実家の玄関で、長く我が家のシンボルとして飾られていた。花や水が入ることもなく、もちろん僕の身長よりも高く、堂々と立っていた。

台湾に立ったその日、父が壺を買った時のことを思い出した。

そのうちに、今度は父がそれ以前に買った家族がアっと驚く買い物のことが、僕の頭に浮かんだ。酔っ払って買ってきてしまった柴犬のハナだ。


父が壺を買ってきた数年前。

休日の昼間からビールを飲んで酔っ払っていた父が散歩へ出かけてくると言った。それならばと、当時飼っていたウサギのエサが無くなっていたことを思い出した母は「散歩ついでに買ってきて」と顔を赤くした父に伝えた。今から思えば、それが全ての発端だったのだが、気づいた頃には後の祭りなのは世の常。

それから数時間後。どういうわけか父が持って帰ってきたものは、ウサギのエサとは似ても似つかない柴犬だった。まったく意味がわからない。

「私と目が合って、連れて帰ってほしそうだった」

父は平然とそんなことを言っていた。

家族がアっと驚いた買い物、柴犬のハナ。父の衝動買いではあったが、ハナは我が家にたくさんの幸福をもたらしてくれた。

僕はハナと初めて出会った時のことを今でもハッキリと覚えている。

中学校から帰宅すると、珍しく母が玄関まで出てきてくれた。

「実はね、お父さんが…」

母がそう言った瞬間、見たことのない小さな柴犬が、母に付いてくるように駆け足で玄関までやってきた。

「なに、この犬……？」

衝撃的だったハナとの出会い。

おデブになる前は、階段を昇り降りできたハナ。

自分の部屋に行くとホクホクのうんちがあって、それ以来、自分の部屋の扉を閉めることは僕のマイルールとなった。

虚勢手術をして帰ってきた日のこと。「わたし、病気ですから」といった雰囲気で、しばらくベッドに引きこもっていた哀愁漂う姿。真っ暗な部屋のベッドに寝転がり、1人静かに過ごしていたハナが、とても寂しそうだったこと。

98年フランスワールドカップ予選の韓国戦で、山口素弘の芸術的ループシュートが決まった瞬間。そのあまりの興奮に、家族が揃って大歓声を上げた。

「うおーーーー！」

この声に驚いた居眠り中のハナは、突然ビクっと起き上がり、そこからまったく動けなくなった。腰をぬかしてしまったらしい。それ以来、ハナはサッカー中継がはじまると、賑やかなリビングから離れ、静かな父の寝室へと逃げ込むようになった。

いつもの朝のこと。僕が自分の部屋を出る「ガチャ」という音を聞くと、ハナが階段を駆け上り、尻尾を振って迎えに来てくれた。ひと通り撫でた後に靴下を真上に放り投げると、見事にキャッチするハナ。いつからか、そんな遊びもハナはやらなくなった。

ハナは穏やかで優しくて、散歩がきらいというおデブな柴犬。みんなから愛されて、可愛がられた本当に素敵な犬。そんなハナは、僕が長い旅をする数日前に亡くなった。

ツボは父に幸福を、ハナは家族に幸福を与えてくれた。父の衝動買いも悪くないのかもしれない。

いつかまた会おうと握手した

旅では印象的な出会いや別れがたくさんあったが、そんな時は決まって自然と握手やハグを交わしていた。

数えきれないくらいの人と出会い、ひと時の時間を一緒に過ごし、握手やハグをして別れる。いくつもの偶然が重なって世界のどこかでもう一度出会えた時には、再会の喜びを共有するように自然と握手を交わした。

握手やハグをすることで、不思議と相手との距離がグッと縮まった感覚になったり、別れの場面でありながら再会の瞬間がきっとあるんだろうなと確信をもてるようになったり。旅の途中に幾度となく巡り合った、そんな瞬間が好きだった。

握手について、強く思い出に残っている出来事がある。

僕は高校卒業からずっと実家から離れて暮らしているので、両親と会うのは年に数回なのだけど、帰省すると両親は決まって僕に手を差し伸ばし、握手を求めてくる。不思議な習慣の多い我が家で、数少ない好きな習慣の一つだ。

旅に出る前のこと。いつ帰国するのかも、これからなにが起こるかもわからない中で、出発前に実家に寄って挨拶をすませてから旅立とうと、数日間実家に帰った。

いよいよ出発当日、実家の最寄駅から夜行バスに乗って神戸に行き、そこから船で中国の天津へ行くことになっていた。さあ、いよいよ重いバックパックを背負って旅に出る。まさに今から出発しようという雰囲気の中、酔っ払った父親が風呂に入り始めた。イヤな予感はしていたが、マイペースなうえに酔っ払った父が僕の出発時刻を考えるわけもなく、風呂から出てくることもない。

「じゃあ、いってくるね」

最後に一言挨拶をしようと、風呂の外から父親に呼びかけた。

「おお」

父親は風呂の扉をあけて、次にいつ会うことになるのかもわからない息子に右手を差し伸ばして握手を求めてくれた。

僕も握り返そうとしたのだが、当然風呂に入っていた父親は、裸でずぶ濡れ姿のまま。右手もびっしょびしょ。

旅に出ている間、現地の人々や旅人たちと数限りない握手を交わしてきたけれど、裸はもちろん、あんなにずぶ濡れの人と握手を交わしたのは最初で最後だった。もちろん、ギュっと握手を交わしたけど。

「いつかまた会おう」と握手を交わして別れた人たちの顔が浮かんでくる。その中にはきっともう二度と会うこともないだろう人もいるし、実際に再び会えた人たちもいる。

日本に帰国後、旅で出会った友人と再会することができて、喜びの握手を交わしたことがあった。信じてもらえないかもしれないが、その瞬間、地球の真反対にあるブラジルで交わした握手の光景が脳内を駆け巡った。閉まってあったはずの記憶の棚が開かれ、遠い昔の懐かしい写真を見ているような錯覚を覚えた。右手で力強く握られた掌から得たほんの僅かな情報が、奥底に閉まってあった記憶の棚への一本道へと導いてくれたんだと思う。

こんな甘美な経験もあって、僕は帰国後も右手を差し出して握手を交わすことを続けている。「いつか、また会おう」と伝えて。

んなの笑顔！
人的には動物アレルギー
治ってほしい。
SHINJI
@ ガラパゴス諸島
エミレーツスタジアムで
アーセナル試合を
見る!!
Taki
珊瑚の海復活!!
巨大プールを創る!!
TRAINED A TREE WHEN IT IS YOUNG
HIDE BACKPACKERS
ステキな宿が日本のどこかに
現われるはず!
Hide
医者
人生最期まで命を全うできる
ように医療従事者としてサポートしたい。
★現在 世界一周の
夢実行中!!★
人生を
振り返り
笑って死ぬ
生涯健康
身体的にも
精神的にも
Budapest
世界一の宿
を作る
よし
lo que hoy ahora
llegar mas allá
que ninguno
Arequipa

考古学者と
花火職人になる!
PON
撮影した映像を
通してより多くの人に
幸せを与えること!
ADNAN
国際協力の
仕事がしたい
ゆか
"世界の平和"
を感じることのできる
「ゲストハウス」
をつくること。
茶
死なない事
死ななきゃ、全部幸せ。
Monie
开个茶店
自転車
旅行会社(有)
世界和平!
每一個人都快快樂樂!
脱"ただいるだけの人"
Csak azt kívánom,
hogy...
MINDENKI Boldog legyen!!!
みさき
和平
peace

おわりに

今、僕の手元には4冊のスケッチブックが残っています。

日本を発つ前に税込み92円で買った茶色のスケッチブックが、この旅の出発点でした。その最初の1ページ目には、旅の1カ国目である中国の人々に夢を尋ねようと「你的梦是什么？」「What is your dream?」と中国語と英語で書いた僕の文字が並んでいます。翻訳ソフトに頼りながらも本当にこの文で合っているのかと勝手に疑い、それでも他の手段もなかったので仕方なく書き写した文字。スケッチブックを眺めるだけで、いろいろな出来事が脳を駆け巡っていきます。

ページをめくると中国語、英語、日本語、フランス語、チベット語と幾つもの言語で書かれた夢が並んでいて、確かに僕が世界各地で出会った人々のその文字を見返すだけで、旅の記憶が鮮明に蘇ってきます。

たった92円で買ったスケッチブックが、僕に長い夢を見させてくれているような気がして、世界中で暮らす人々と僕をつなげてくれたことに、ただのスケッチブック以上の存在感や眩しさを感じています。

チベットの露店で買った2冊目は、手漉きで作ったであろう頼りない薄い紙と、表紙にあるお面が目を引くデザインで、一目惚れで購入しました。ページをめくるとチベッ卜やネパールの文字がぎっしりと書かれてあって、その見慣れない文字からはまったく意味が読み取れないのですが、当時の記録を見返すと、すぐに「あの夢か」と思い出せたり。1冊のノートにチベット文字の夢とネパール文字の夢が順番に並んでいることに、二つの国と地域がエベレストを含めたヒマラヤ山脈を挟んで、地続きにあることを実感できたり……。

そう、このスケッチブックは、僕と一緒にチベットからネパールを超えて旅をしてきた。そこには、チベットからネパールへと旅した確かな軌跡が描かれているわけです。

3冊目のスケッチブックはネパールの露店で買った和紙のような素材のノートで、チベットのそれと似ているようで違っていて、とても気に入っている。同じように4冊目のスケッチブックもハンドメイドの手芸品をトルコで探していたのですが、その土地の素材でできた紙のノートが見つからず、仕方なく入った文房具屋で犬の表紙の分厚いノートを買って、結局それを旅の最後まで持ち歩いていました。

スケッチブックには、動画や写真もなく、文字という薄い情報だけが書かれています。だけど、その薄い情報が、僕に当時の記憶を鮮明に蘇らせてくれます。

チャイを売ってくれたおじさん、誠実な日本人男性、故郷のパレスチナに帰りたいと言ったジュース売りの青年、先生になりたいと言ったチベットの女性……。

強い太陽の下で汗をかきながら書いてくれた夢や、気持ちのよい夕涼みの時間に書かれた夢。レストランで夢を書いてくれた時のおいしそうな食事の香りや、青い海の前で夢を書いてくれた時の波の音。

その光景や、匂い、音までが、スケッチブックの文字から蘇ってくるから不思議なものです。

「夢」について考えると、小学校の卒業文集を書いた経験から「職業」を連想しがちですが、僕が世界各国で夢を尋ねた人たちには「こんなことをしてみたい」「こんな人生を送りたい」「こんな未来がきてほしい」といった在り方や生き方のようなものを語ってくれた人たちがたくさんいました。

今、その時の写真を見返してみると、彼らが出会って間もない外国人と接しているとは到底思えないような柔和な表情を見せてくれていたことに気づき、改めて夢のもつ魔法のような力を感じています。

夢について考え、真剣に伝えようとしてくれている空間には、幸福や希望といったポジティブな空気が満ちていた。その空気が、自然と柔らかい表情を生んでくれたような気がしています。

旅をすることで、
僕は確かに世界と出会った。

出会ったことで、
想像することができる。

あの時の光景を。
あの時の未来の続きを。

この本を読んでくれた方が、自身の夢について考えてくれたらとてもうれしく思います。

いつか、そんなあなたの写真を撮らせてください。

「旅と夢」をテーマに1冊の本を書き上げることができたのは、編集会議でいつも斬新なアイデアを提案してくださった松崎社長をはじめ、編集やデザインを担当してくださったよしのさんや洪さんのお力があったからでした。この場をお借りしてお礼申し上げます。イラストの挿絵を描いてくれた青木薫さん、いつも素敵な作品をありがとうございます。

また、クラウドファンディングを通してこの本の出版と学校や図書館への寄贈を支援してくださった方々には感謝してもしきれません。特に支援をいただいた方々のお名前を、本書カバーの袖部分に掲載させていただきました。

そして、夢を書いてくれた方々のご協力があったからこの本が出版できました。いつか再会できた時には夢の続きを聞かせてください。

最後に、いつも応援してくれる妻と娘に深い愛を。家族の夢をひとつずつ叶えていく未来が楽しみです。

宗玄 浩（そうげん ひろし）

1983年生まれ。富山県出身で神奈川県在住。
10年以上学校で働いた元教員からフォトグラファー・ライターに転身。旅の文章コンテスト『タビノコトバ』を運営したり、旅をテーマとした活動や講演などを展開している。キューバを舞台とした写真集『SEEKING QUIETNESS』を上述。家族の日常やポートレートの出張撮影も行っている。夢は11個あって、今も更新中。本書の出版で1つ叶うかも。

＜問合せ先＞ sogen.hrs@gmail.com

ドリームクエスト
夢《ゆめ》をたずねて世界《せかい》を巡《めぐ》る旅《たび》

2023年4月24日　初版第1刷

著　者　宗玄浩
発行人　松崎義行
発　行　みらいパブリッシング
〒166-0003 東京都杉並区高円寺南4-26-12 福丸ビル6階
TEL 03-5913-8611　FAX 03-5913-8011
https://miraipub.jp　MAIL info@miraipub.jp
イラスト　青木薫
編　集　よしのまどか
ブックデザイン　洪十六
発　売　星雲社（共同出版社・流通責任出版社）
〒112-0005 東京都文京区水道1-3-30
TEL 03-3868-3275　FAX 03-3868-6588
印刷・製本　株式会社上野印刷所

ISBN 978-4-434-31848-1 C0076